TOM FELTON

PAR-DELÀ LA MAGIE

Confessions d'un sorcier

Traduit de l'anglais (Royaume-Uni)
par Benjamin Peylet

LEDUC
POP CULTURE

Édition originale :
Titre : *Beyond The Wand*

First published as BEYOND THE WAND in 2022 by Ebury Spotlight, an imprint of Ebury. Ebury is part of the Penguin Random House group of companies.

Pour la présente édition :
Préparation de copie : Élise Fromentaud
Relecture : Clémentine Sanchez
Design couverture : Antartik
Mise en pages : Ma petite FaB – Laurent Grolleau

10, place des Cinq-Martyrs-du-Lycée-Buffon
75015 Paris

ISBN : 979-10-285-2771-6

Je dédie ce livre à tous les Moldus
qui ont fait de moi ce que je suis.

Sommaire

Préface

d'Emma Watson

Vous voyez cette personne dans votre vie qui vous écoute et vous comprend toujours ? Qui est à vos côtés pour les petits et les grands moments ? Celle qui sait, qui sait *vraiment*, ce qui vous arrive, ce que vous traversez, sans que vous ayez besoin de prononcer le moindre mot ?

Pour moi, cette personne, c'est Tom Felton.

Comme vous le lirez dans ce livre, notre relation n'avait pas démarré du bon pied. Quand nous nous sommes rencontrés, j'étais une petite fille de neuf ans rêveuse et agaçante qui le suivait partout comme un caniche en quête d'attention. Mais, comme il l'écrit si bien dans ce livre, avec éloquence et générosité, cela n'a pas étouffé notre amitié dans l'œuf. Dieu merci, elle a résisté et s'est épanouie.

Si on pouvait condenser toutes les histoires de *Harry Potter* en un seul concept (il y en a tant, j'en demande beaucoup, là), cela tournerait sûrement autour des valeurs de l'amitié, ce sentiment sans lequel aucun de nos accomplissements n'aurait vraiment de sens. L'amitié est au centre de la vie humaine. J'ai eu beaucoup de chance d'avoir, à des tournants très importants de mon existence, Tom à mes côtés pour me rassurer et me comprendre. Notre amitié commune m'a permis de dépasser les moments les plus difficiles de ma vie et mes plus grosses remises en question.

Mais assez parlé de moi. Ce livre concerne Tom. Il a un cœur de la taille d'une planète. Je n'ai jamais vu ça ailleurs, sauf peut-être chez sa mère, Sharon. Le gène Felton existe bel et bien. Vous lirez beaucoup de choses dans ce livre sur le frère de Tom, Chris, qu'on croisait souvent sur les plateaux de *Harry Potter*, et l'une des personnes les plus drôles que je connaisse. Toute cette famille est attachante et Tom, le plus jeune des quatre frères, a hérité de leur gentillesse et de leur nature simple.

Si vous rencontriez Tom, vous rencontreriez le *vrai* Tom. Ce n'est pas le cas de tous les acteurs, dont la grande majorité, en présence de leurs fans, se cachent derrière un masque. C'est comme s'ils appuyaient sur un bouton : ils sont très professionnels, ils font ça très bien et la personne qu'ils saluent n'en saura jamais rien. Mais ce n'est pas vraiment eux qu'elle a rencontrés. Ils lui ont fait leur numéro. Tom ne fait jamais ça. Tom est toujours Tom. Il n'appuie sur aucun bouton. Il est ce qu'il nous montre. Il est incroyablement généreux avec ses fans et la communauté *Harry Potter* au sens large. Cette capacité extraordinaire à m'écouter et à me comprendre, il l'étend à tout le monde autour de lui. Il incarne une méchante brute dans les films. Il a peut-être parfois pensé qu'il en était une. Mais, croyez-moi, rien n'est plus éloigné de la réalité. Il est créatif, sensible et sincère. C'est quelqu'un qui veut aimer tout et tout le monde.

Socrate a dit qu'une vie non examinée ne vaut pas la peine d'être vécue. Quand je constate l'honnêteté avec laquelle Tom s'est penché sur sa vie et son expérience dans ce livre, je me rends compte à nouveau du recul extraordinaire qu'il prend sur lui-même. Il a été capable de rire de lui comme de revivre des moments difficiles et douloureux. Il suit la voie du travail sur soi et je dois dire, avec Socrate, que les personnes engagées sur cette voie sont les seules qui comptent à mes yeux. Cependant, Tom a fait un pas de plus que la plupart : il a détaillé tout le voyage pour nous, ses lecteurs. C'est un acte si généreux, surtout dans ce monde de réseaux sociaux et d'info en continu, quand la polarisation des opinions rend si risqué de se mettre à nu comme il l'a fait. Chacun voudrait mener une vie authentique, sincère, examinée. Et c'est ce à quoi Tom est parvenu, de toute évidence.

Comme Tom, je lutte beaucoup quand je dois expliquer aux gens la nature de notre relation. Depuis plus de vingt ans maintenant, nous nous sommes aimés à notre façon. J'ai perdu le compte du nombre de fois où quelqu'un nous a dit : « Vous avez dû vous embrasser un soir de beuverie au moins une fois ! » « Un baiser, au moins ! » « Il y a quelque chose derrière tout ça ! » Mais c'est bien plus profond que ça. C'est un amour parmi les plus purs que je puisse concevoir. Nous sommes des âmes sœurs et nous nous protégerons toujours mutuellement, je le sais. Rien que d'y penser, cela m'émeut. C'est parfois dur de vivre dans ce monde où les gens jugent vite et doutent de votre sincérité. Pas Tom. Je sais que, même quand je fais des erreurs, il comprend pourquoi j'ai essayé. Je sais qu'il me *croira* toujours. Même quand il n'a pas tout le contexte, il ne doute jamais de mes intentions, il sait que je fais de mon mieux. Ça, c'est de l'amitié. Être comprise et aimée de cette façon est l'un des plus beaux cadeaux que la vie m'a faits.

Nous avons toujours partagé l'amour des mots et de leur usage dans l'expression de soi. Tom, tu es un poète. La manière dont ton esprit fonctionne, ta manière de t'exprimer sont belles, charmantes, chaleureuses et drôles. Je suis ravie que tu aies écrit ce livre et que tu aies voulu le partager avec nous. C'est un régal, un don. Le monde a de la chance de t'avoir, et j'ai encore plus de chance de t'avoir pour ami.

Chapeau[1], petite partie de mon âme. Et félicitations.

Emma Watson
Londres, 2022

---

1. Les mots en italique suivis d'un astérisque sont en français dans le texte (NdT).

1

Ennemi public numéro un

ou

Quand Drago a enfreint la loi pour la première fois

Je préfère prévenir tout de suite, ce n'est pas mon moment le plus glorieux. Pour tout dire, ma mère n'est même pas au courant. Pardon, Maman.

Nous sommes samedi après-midi, dans une petite ville très animée d'Angleterre. Les clients se pressent dans les pubs, des grappes d'adolescents hantent les centres commerciaux et font des trucs d'adolescents. Ils ne prêtent aucune attention à ce garçon de quatorze ans, maigre à la peau pâle, les cheveux décolorés, qui jette ses détritus par terre avec sa bande de copains. Le garçon en question, c'est moi, votre serviteur, et je suis au regret de vous informer que nous cherchions les ennuis.

Vous pourriez penser, et vous auriez raison, qu'avec ma coiffure caractéristique, j'aurais mieux fait de les *éviter*, plutôt. Vous pourriez penser que les ennuis étaient enfouis bien loin dans ma liste de choses à chercher. Il se trouve pourtant que les adolescents normaux ne se comportent pas toujours bien, et encore moins souvent de manière *raisonnable*. Or, c'est exactement ce que j'essayais d'être : un adolescent normal.

Et ça n'est pas toujours facile, tout particulièrement quand vous avez un alter ego magicien.

* * *

C'était assez tôt dans ma carrière de magicien, entre le premier et le deuxième film de *Harry Potter*. L'objet de nos attentions était le HMV, un disquaire de Guildford, dans le Surrey, un lieu fameux, à l'époque. On y voyait souvent des enfants glisser des CD hors de leurs boîtes, puis sous leur manteau, avant de filer en douce. Les pauvres vigiles étaient constamment sous pression, passant d'allée en allée à la recherche de chenapans prêts à frapper. Ce samedi-là, ma bande visait une proie plus alléchante que les CD : un DVD au contenu « réservé aux adultes avertis » qu'aucun d'entre nous n'était assez âgé pour acheter. J'en grimace de malaise rien qu'en y repensant. En vérité, je grimaçais déjà à l'époque, mais seulement de l'intérieur. Je ne voulais pas le montrer pour prouver que j'avais ma place dans la bande des gars cool, dont même les membres les plus hauts placés répugnaient à commettre un crime d'une telle gravité. Le potentiel de honte extrême était trop important.

C'est pour ça que je me suis porté volontaire.

Lecteur, sache que je n'étais pas un pro de la chourre. Les mains moites, le pouls à grande vitesse, je suis entré dans la boutique avec une nonchalance douloureuse à voir. Le plus intelligent aurait été de repérer la cible, de la saisir et de ficher le camp le plus vite possible. Si j'avais eu en moi un brin supplémentaire de fourberie serpentarde, c'est ce que j'aurais fait. Mais ce n'était pas le cas. Plutôt que de me lancer dans un vol rapide et discret, j'ai repéré le DVD et je me suis placé en embuscade. J'ai dû arpenter l'allée cinquante fois, à chaque fois parcouru d'un frisson d'appréhension. J'ai même demandé à un inconnu d'acheter ce DVD pour moi, afin que je puisse feindre le succès auprès des cools. L'inconnu a refusé avec raison et j'ai repris mon errance, d'un bout de l'allée à l'autre.

D'un bout à l'autre...

D'un bout à l'autre...

Une heure a passé. Tous les vigiles m'avaient repéré à présent. Avaient-ils fait le rapprochement entre le voleur à l'étalage le moins doué du monde et ce garçon dans les films *Harry Potter* ? Je n'en sais rien. Ce que je sais, c'est que ma coiffure était très caractéristique, pour ne pas dire étrange. C'était un phare qui m'interdisait de me fondre dans le décor.

Je regrettais tellement de m'être porté volontaire. Je savais que j'avais été stupide. Mais je ne pouvais me résoudre à sortir du magasin les mains vides et la queue entre les jambes, j'ai donc fini par prendre une grande inspiration et j'ai plongé. Feignant de regarder le plafond, j'ai décollé l'étiquette de sécurité de mes doigts maladroits trempés de sueur et j'ai retiré le disque brillant de sa boîte en plastique, je l'ai glissé dans ma poche, et j'ai très vite marché vers la sortie.

Je l'avais fait ! Je voyais ma bande, dehors. Je leur ai lancé un sourire en coin. Je sentais d'ici monter leur excitation.

Et là... la catastrophe !

J'avais à peine fait un pas dehors que trois gorilles de la sécurité me cernaient. Mon estomac s'est changé en glaçon tandis qu'ils m'escortaient, poliment mais fermement, à l'intérieur du magasin. J'ai traversé le magasin rempli de honte, tête basse, tous les yeux braqués sur moi, dans l'espoir désespéré que personne ne me reconnaîtrait. Les personnages n'étaient pas aussi connus à l'époque, mais il y avait quand même une petite chance. Les vigiles m'ont entraîné dans un box à l'arrière de la boutique, ils m'ont entouré, l'air sinistre, et m'ont demandé de vider mes poches. J'ai tendu le disque sans me faire prier et je leur ai demandé, je les ai suppliés de ne pas faire ce qui aurait rendu cette triste affaire encore dix fois pire. « S'il vous plaît, s'il vous plaît, ne le dites pas à ma mère ! » Si elle l'avait su, l'humiliation aurait été totale.

Ils n'ont pas informé ma mère. Mais ils m'ont mis dos au mur, ils ont sorti un Polaroïd et ils ont pris une photo de mon visage. Ils ont épinglé la photo au mur, au sein d'une galerie de portraits de dangereux criminels qui avaient tenté de voler le magasin de disques, et ils m'ont dit que j'en étais banni à vie. Je ne pourrais plus jamais entrer chez HMV.

Aucune chance, les gars. Les joues en feu, je me suis engouffré vers la sortie le plus rapidement possible, sans jamais me retourner. Mes amis s'étaient dispersés dès que la sécurité avait montré le bout de son nez, j'ai donc pris seul le train jusque chez moi pour y disparaître quelque temps.

* * *

Pendant combien de temps la photo de Tom en blond est restée accrochée au mur du HMV ? Qui sait ? Elle y est peut-être encore. Pendant des semaines après l'incident, j'étais terrorisé à l'idée que Warner Brothers ou les journaux découvrent mon aventure idiote. Je ne l'ai jamais dit à personne, mais que se serait-il passé si quelqu'un avait reconnu la photo ? Est-ce qu'on m'aurait viré ? Est-ce que dans le film suivant Harry, Ron et

Hermione auraient été malmenés par un autre Drago ? Mon humiliante expérience de l'illégalité serait-elle devenue source d'hilarité pour un public avide ?

Comme je l'ai dit, j'essayais très fort d'être un adolescent normal. Dans l'ensemble, malgré tout ce que l'avenir me réservait, je crois n'y être pas trop mal parvenu. Mais quand on grandit sous les yeux du monde, il y a parfois peu de différence entre être normal et être imprudent. J'avais franchi la ligne ce samedi après-midi, pas de doute. Le jeune Tom Felton n'était pas Drago Malefoy, mais ce n'était pas non plus un saint. C'est peut-être pour ça que j'avais décroché le rôle. Je vous laisse en juger.

* * *

Oh, à propos : nous n'avons jamais pu regarder ce DVD.

2

Ma famille de Moldus

ou

Le gringalet de la bande

Drago Malefoy, le personnage qui allait me rendre célèbre, est l'enfant unique d'une famille impitoyable et brutale. Tout le contraire de la mienne. Soudée, aimante, désordonnée et toujours présente, elle était le centre de ma vie d'enfant. Je suis le plus jeune de quatre frères et, avant que j'évoque ma mère et mon père, il faut que je vous parle d'eux. Chacun m'a profondément influencé à sa manière. Sans eux, j'aurais été quelqu'un de bien différent.

Mes frérots vous diront volontiers que je suis le gringalet de la bande. En tout cas, c'est ce qu'ils me répétaient gentiment. (Je crois qu'ils plaisantaient, mais vous savez comment sont les frères…) Je suis le plus jeune. Jonathan, Christopher et Ashley ont fait une arrivée groupée, trois garçons en quatre ans. Ma mère a connu ensuite six années de répit avant mon arrivée, le 22 septembre 1987. Ainsi, dès ma venue au monde, j'avais trois grands frères pour tenir mes fesses éloignées du canapé et mes doigts loin de la télécommande. Trois grands frères pour me martyriser d'amour. Trois grands frères pour raconter que si j'étais arrivé si tard, ce n'était pas parce j'étais le petit dernier qu'on avait oublié, mais parce que j'étais le fils du facteur. (Ils étaient et sont toujours bien plus grands que moi, largement au-dessus du mètre quatre-vingts, et taillés comme des armoires à glace.) Bref, trois mecs plus vieux pour me remettre à ma place, ce qui a du bon dans le cas d'un gamin qui s'apprête à se lancer dans une carrière de magicien.

Mes frères ne se sont pas contentés de me traiter de « gringalet ». Quand le cœur leur en disait, ils me surnommaient aussi « l'asticot ». Ce n'était pas si grave ; par ailleurs, ils ont eu une énorme influence sur mon enfance, avec des différences subtiles.

Jonathan (que nous appelons Jink) est l'aîné. À l'époque, c'est le premier à m'avoir montré par l'exemple que s'intéresser aux arts valait le coup. Il avait mis un poster d'Oasis au mur et une Stratocaster noire (du moins une copie de Stratocaster) dans sa chambre. Il adorait la musique, le chant et la scène, des choses vers lesquelles peu d'enfants sont poussés. Et ç'aurait été mon cas s'il n'y avait pas eu Jink. Quand j'étais tout petit, il prenait des cours de théâtre et nous allions en famille le voir sur scène. Ce n'étaient que des enfants, des préados tout au plus, et pour être honnête, ce n'étaient vraiment pas des performances de qualité professionnelle. Jink est chiropracteur aujourd'hui, un profond gâchis me rappelle-t-il souvent, mais c'est encore quelqu'un de très créatif. Je me rappelle l'avoir vu dans des comédies musicales comme *South Pacific, West Side Story, Guys and Dolls* et, surtout, *La Petite Boutique des horreurs*. C'est assis parmi le public de ces pièces que j'ai appris une importante leçon : ce n'était pas la honte de monter comme ça sur scène, ça avait même l'air amusant. Voir mon grand frère le faire m'a permis de comprendre qu'il était normal d'aimer la représentation, et qu'on se fichait de l'avis des gens.

Bien joué, Jink. Ce qui nous amène au frère numéro deux.

Chris ? L'opposé total. « Le théâtre, c'est pour les nuls, frérot ! Danser ? Et puis quoi encore ! »

Chris est le suivant par ordre d'arrivée dans le carré des Felton et il ne mettra un tutu rose pour jouer la Bonne Fée que le jour où il saura voler. Ce qui est bien dommage, je suis certain que ça lui irait très bien. Là où Jink est plus sensible aux émotions de ceux qui l'entourent, Chris est du genre plutôt direct. Aussi, c'est un peu curieux que Chris ait été le frère dont j'ai été le plus proche durant les années Potter, le frère qui veillait sur moi, qui me ramenait les pieds sur terre et qui a eu le plus d'influence sur mon adolescence. Chris m'a chaperonné pendant deux films et demi. Je dis chaperonné, mais en réalité, cela signifie qu'il dormait dans les loges et faisait un usage très libéral de la cantine. J'y reviendrai. Pour l'instant, disons simplement que Chris ne prenait pas son travail de chaperon toujours très à cœur. Assez régulièrement, on quittait le plateau autour de huit heures et on roulait à une heure des studios, jusqu'à notre coin de pêche habituel. On installait nos tentes, on lançait nos lignes et on profitait d'une nuit à pêcher. À six heures du matin, on enroulait les lignes, on remballait nos affaires et on revenait (un peu boueux) sur le plateau où on prétendait auprès des gentils gars de Warner Brothers que j'avais passé la nuit à la maison où j'avais dormi profondément. Si vous avez trouvé Drago un peu pâle de temps à autre, ce n'était donc pas que la faute du maquillage.

Pendant un temps, à mes yeux, et même aux yeux des autres, je suppose, il ne faisait aucun doute que Chris deviendrait le Felton le plus célèbre. À quel titre ? C'était l'un des pêcheurs de carpe les plus prometteurs d'Angleterre. La communauté des pêcheurs de carpe est assez active et, en son sein, Chris était bien repéré. Il avait fait plusieurs fois la couverture des magazines *Carp Talk* (« Parlons carpe ») et *Big Carp* (« Grosse Carpe ») pour avoir attrapé des poissons remarquables dans des lacs bien connus, ce qui m'avait fait gagner les faveurs de ceux de mes contemporains qui s'intéressaient à la pêche. Ils l'admiraient beaucoup et j'étais indéniablement plus cool grâce à lui, par association. Comme je l'admirais aussi, on partait pêcher ensemble dès qu'on avait un peu de temps. Cela n'a pas dû être facile pour lui que Potter ait ainsi bouleversé nos vies : hier encore il était connu pour être parmi les meilleurs pêcheurs du pays, aujourd'hui, tout le monde l'appelle « le frère de Drago Malefoy » et lui crie : « Monte sur ton balai, mon gars ! » Il l'a très bien pris, cela dit. Malgré tout ce qui m'arrivait, c'était mon héros durant ces années. Il m'a fait découvrir beaucoup de musique, Bob Marley, The Prodigy, Marvin Gaye, 2Pac, ce qui allait devenir l'une de mes plus grandes passions. Il m'a aussi fait découvrir des passe-temps moins innocents. Nous en parlerons plus tard. Mais notre obsession commune, c'était la pêche.

Grâce à Chris, j'étais un habitué des pêcheries de Bury Hill, dans le Surrey, j'y ai même travaillé les week-ends au début de l'époque Potter, un boulot que j'avais pris pour gagner un peu d'argent de poche et la promesse de pouvoir pêcher à l'œil. Il consistait surtout à aider les clients à se garer. Chaque samedi et dimanche, j'étais là à six heures du matin, guidant les pêcheurs pressés sur le parking minuscule. Je cachais mes cheveux décolorés sous un bonnet en laine. Après ça, j'attrapais un sandwich au bacon avant de faire le tour du lac, ma besace en cuir brun pleine de pièces, pour vendre des tickets aux pêcheurs.

Je dois dire que je n'étais pas le plus consciencieux des travailleurs. Une fois, je suis rentré chez Chris pour regarder un match de boxe important diffusé à quatre heures du matin au Royaume-Uni. J'étais dans tous mes états et j'ai réussi à ne pas m'endormir jusqu'au début du match, heure à laquelle le tout petit Tom de douze ans que j'étais s'était écroulé. Mon frère m'a secoué deux heures plus tard pour que j'aille travailler. Je suis arrivé à temps, mais j'ai été réveillé une seconde fois par le propriétaire alors que je dormais sous un arbre. Les clients s'étaient débrouillés tout seuls sur le parking, le chaos était total. Désolé, patron.

Vous pensez peut-être que les clients de la pêcherie devaient trouver ça étrange que Drago Malefoy leur indique où garer leur 4×4 et collecte leur argent, mais en réalité, j'ai réussi à rester anonyme dans les grandes lignes. Je peux compter sur les doigts d'une main ceux qui m'ont reconnu. La clientèle de la pêcherie était constituée d'un genre bien particulier de vieillards grincheux, du moins c'est ce qu'il me semblait à l'époque. Aucun n'aurait pu me reconnaître quoi qu'il arrive. Et laissez-moi vous dire que le nombre d'adolescentes qui se pressaient le samedi matin pour taquiner la carpe était limité. De temps en temps un journaliste se présentait pour écrire un article sur mon boulot de Moldu, et parfois le propriétaire de la pêcherie se laissait aller à un peu de publicité de son cru, mais dans l'ensemble je pouvais profiter de mon travail. Et j'en profitais ! Pas grâce aux vingt livres que je recevais de la main à la main après une journée passée là-bas, plutôt grâce à la pêche gratuite. C'était l'attrait principal, pour Chris et moi. Les poissons nous obsédaient, bien sûr, mais aussi tout ce qu'il y avait autour : la Lune et les étoiles, la vie dans la nature, les cannes, les moulinets, les bivouacs et, évidemment, les bouillettes. Les bouillettes sont un type d'appâts de la taille d'une grosse bille qu'il faut cuisiner à l'aide de toutes sortes de substances répugnantes comme du foie de calamar et de la farine de thon, des ingrédients qui ne dépareilleraient pas dans un cours sur les potions magiques. On cuisinait les bouillettes à la maison au désespoir de notre mère, exaspérée par l'odeur et le bazar produits, en lui jurant sur tous les tons que, cette fois-ci, on allait *vraiment* tout ranger, avant de nous enfuir pour notre pêcherie adorée.

Mon troisième frère, le plus proche de moi en âge et ainsi celui avec lequel j'ai partagé l'essentiel de ma vie tout petit, c'est Ash. À la différence des deux grands, nous étions suffisamment proches en âge pour être en même temps dans la même école. (Et c'est utile d'y avoir un grand frère à disposition, surtout quand il est bâti comme l'était Ash à l'époque.) Ash et moi partageons un sens de l'humour bien particulier ; on passait notre temps à regarder ensemble les *Simpson* et *Beavis et Butt-Head*. Encore aujourd'hui, quand je lui parle, c'est davantage avec la voix de Beavis qu'avec la mienne. Il nous arrive de devoir nous réfréner, quand il y a du monde. On faisait du sport ensemble. Après avoir vu *Space Jam*, on a saoulé notre père jusqu'à ce qu'il installe un panier de basket dans le jardin, et après avoir vu *Les Petits Champions*, on est passés par toute une phase où on voulait devenir joueurs de hockey sur glace.

Ash a un cœur gigantesque, le sens de l'humour que je préfère et c'est la personne la plus gentille du monde, mais il a beaucoup souffert d'instabilité émotionnelle au début de son adolescence, au point que, arrivé à la puberté, il ne voulait plus aller à l'école ni quitter la maison. Ce mal-être constant l'a contraint à passer de très longues périodes interné en hôpital. Je me rappelle mes fréquentes visites après l'école dans un hôpital de Guildford. J'aimerais pouvoir dire que je m'y montrais patient et attentionné, mais j'étais jeune et je ne comprenais pas tout, si bien que je me souviens surtout d'avoir beaucoup demandé à ma mère quand est-ce qu'on partait.

Quand Ash est allé mieux et qu'il a pu rentrer à la maison, nous avons heureusement repris nos crises de rire. Mais ses difficultés adolescentes étaient annonciatrices des problèmes de santé mentale des autres frères Felton, et je m'inclus là-dedans. J'en dirai plus par la suite. Pour l'instant, rappelons-nous seulement que ces prédispositions sont en chacun de nous et que certains problèmes sont tout simplement trop épineux pour rester enfouis. Ils finissent toujours par émerger.

Les voilà donc : trois frères aînés, chacun proche de moi à sa manière. Je suis éminemment conscient que mon implication dans *Harry Potter* a bouleversé leur vie, de façon irréversible. Ils seront à tout jamais connus comme les frères de Drago Malefoy. Mais je suis tout aussi conscient de l'influence qu'ils ont tous eue sur le jeune Tom. Jink : la créativité et l'amour de la représentation. Chris : la passion de la vie au grand air et des préoccupations simples. Ash : le sens de l'humour et l'intuition qu'il n'y a pas de lumière sans ombre. Toutes d'importantes leçons de vie. Je suis peut-être l'asticot, le gringalet de la bande, mais je ne serais pas qui je suis aujourd'hui sans eux.

* * *

Comme beaucoup d'enfants, je passais rapidement d'une passion à une autre. L'un des grands atouts dans ma vie, c'est que ma mère me soutenait, sans pour autant me mettre une pression démesurée pour que j'approfondisse une activité en particulier.

Nous menions une vie confortable dans une jolie maison appelée Redleaf, à côté d'une ferme, dans le Surrey. C'était un endroit joyeux, animé et chaleureux. Nous n'avons jamais eu beaucoup d'argent. Nos loisirs hebdomadaires consistaient en une virée à Dorking pour le vide-greniers, où avoir vingt pence en poche offrait déjà beaucoup de possibilités. Avec cinquante, c'était Byzance. Je suis sûr que mon père, ingénieur civil, travailleur, me pardonnera de dire qu'il était connu pour ne pas dépenser sans compter. Je l'ai déjà vu marchander dans une ressourcerie ! C'est grâce à ça que je n'ai jamais eu faim, bien sûr, mais je crois que ça a fini par créer des tensions dans le couple. Ma mère disait : « On devrait offrir un violon à Tom, il dit vouloir apprendre », et lui répondait, non sans bon sens : « On vient de lui offrir une crosse de hockey ! C'est déjà fini, le hockey ? »

La réponse était probablement oui, j'en avais fini avec le hockey. J'étais passé à autre chose, mon attention capturée ailleurs, telle une pie que le moindre objet brillant distrait. Ça agaçait mon père, mais ma mère me soutenait dans chacune de mes nouvelles passions, même les plus éphémères. Elle restait déterminée à entretenir mon enthousiasme. Elle ne m'a jamais jugé ni sermonné quand inévitablement mes marottes s'évanouissaient, elle n'a jamais froncé les sourcils quand, trois mois après avoir reçu le violon, j'en séchais les leçons, caché dans les toilettes des garçons pour jouer avec mon nouveau yoyo trop cool. Je n'en aurais pas voulu à mon père de vouloir m'écraser ce violon sur la tête. Maman, elle, était heureuse de m'encourager à être ce garçon aux multiples passions, sans me forcer à les entretenir quand une nouveauté déboulait.

Cela ne veut pas dire que papa ne s'intéressait pas à moi, pas du tout. Il adorait construire des trucs et, quand on voulait quelque chose, il essayait toujours de nous le fabriquer. Il nous a ainsi construit un panier de basket très élaboré et un filet de hockey. Il a même installé une rampe de skateboard dans le jardin après nous avoir consultés pour savoir exactement ce qu'on voulait. On le voyait souvent dans l'atelier, à minuit, en train de scier pour nous construire un truc extraordinaire à partir de matériaux « empruntés » à la décharge.

Il y avait certaines choses qu'il ne pouvait pas fabriquer, cela dit. Et même s'il avait pu, on les aurait refusées. On voulait le truc qui brille avec l'étiquette et tout, le même que nos copains, pas sa version bricolée. Il revenait à maman de financer ces objets de désir. Ainsi, en plus de veiller sur quatre garçons (cinq avec mon père), elle occupait plusieurs petits boulots pour dégager un peu d'argent. Elle travaillait pour l'agent immobilier du coin, elle garnissait les étagères et lavait les bureaux la nuit avec sa copine Sally (qu'on appelle tata Sally) qui a toujours fait partie de ma vie et a même été mon chaperon sur les plateaux de tournage à un moment. Tout ça parce que je voulais un nouveau yoyo ou parce qu'Ash voulait un ballon de basket avec le logo Air Jordan plutôt que la version au cinquième du prix vendue chez Woolworths. Dès que quelque chose nous tapait dans l'œil, maman se démenait pour exaucer nos vœux.

Bilan : ma mère a en très grande partie fait de moi ce que je suis, bien qu'elle ne m'ait jamais poussé à devenir acteur. J'aurais pu viser une carrière de violoniste, de gardien de but au hockey ou de yoyoïste de l'extrême. L'activité en elle-même n'aurait pas eu d'importance ; ce qui est certain, c'est que ma mère m'aurait aidé à réussir, quel que soit mon choix.

Mon père était, et il est toujours, le blagueur de la famille. Il adore ne pas se prendre au sérieux et trouve toujours le moyen de faire une blague ou un peu d'autodérision. Un genre de mélange entre Del Boy, Blakadder et Basil Fawlty[2]. C'est un trait de caractère qu'il m'a légué

2. Del Boy, Blakadder et Basil Fawlty sont trois personnages célèbres de séries comiques britanniques, interprétés respectivement par David Jason, Rowan Atkinson et John Cleese (NdT).

et dont je me sers encore aujourd'hui. Dans ma branche professionnelle, on rencontre souvent de nouvelles personnes avec lesquelles il faut rapidement briser la glace. J'essaye toujours de désamorcer la situation par l'autodérision et un peu de bouffonnerie, une technique que j'ai apprise de lui.

Son métier d'ingénieur civil l'amenait à travailler sur de gros projets d'immeubles partout dans le monde, si bien qu'il était parfois absent. C'est arrivé de plus en plus souvent à mesure que je grandissais. Cette absence est devenue criante quand ma mère et lui se sont séparés. Ils avaient été mariés pendant vingt-cinq ans. Je me rappelle l'affection qui les unissait, surtout pendant nos vacances annuelles en camping. Je me rappelle qu'ils s'appelaient « chéri » et « chaton ». C'est passé de ça à moi assis dans l'escalier à entendre des mots bien différents. Pas des disputes, seulement des échanges qui trahissaient un manque certain d'intimité. Je me souviens de ma mère m'amenant à l'école, à peu près au moment du premier film de *Harry Potter*, et me disant l'air de rien : « Ton père et moi allons divorcer. » Sans tambour ni trompette. D'un pragmatisme très britannique. Je ne me rappelle pas avoir ressenti de détresse particulière ni de colère quand ma mère m'a annoncé que mon père avait rencontré quelqu'un d'autre. Je n'avais que douze ans, après tout, ça ne me préoccupait pas tant que ça ; je me demandais plutôt avec quelle fille j'allais essayer de discuter à la récré.

Après ça, mon père ne vivait plus avec nous la semaine et il revenait le week-end, pendant que ma mère allait dormir chez sa sœur, ma tata Lindy. Un arrangement curieux, j'imagine, qui a duré deux ans. C'était super pour nous, adolescents, parce que ça voulait dire qu'arrivé le week-end, on pouvait faire à peu près tout ce qu'on voulait. Quand ma mère était dans les parages, on pouvait à peine effleurer un paquet de cigarettes à moins de cinq cents mètres sans qu'elle crie : « Qu'est-ce que vous faites les garçons ? » Avec mon père, c'était un peu plus coulant. Je me souviens d'un soir où il a descendu les escaliers en silence à trois heures du matin pour me trouver dans la cuisine avec deux copains en train de préparer des pancakes. « Mais bon sang, qu'est-ce que vous fichez là ? » a-t-il demandé.

« Euh... on fait des pancakes ? »

Il a haussé les épaules. « Ah, OK. » Puis il a souri et il est remonté se coucher.

Le divorce de mes parents ne m'a pas perturbé comme cela aurait pu perturber d'autres enfants. Je ne voulais pas qu'ils vivent ensemble et souffrent juste parce qu'ils pensaient que c'était mieux pour moi. S'ils étaient plus heureux séparés, ça me convenait tout à fait. Même quand ma mère et moi avons déménagé de

Redleaf, la seule maison que j'avais jamais connue, pour un logement social bien plus petit, je me rappelle avoir été content car elle semblait plus heureuse comme ça. En plus, quand elle a atténué le choc du déménagement en promettant de s'abonner à la télévision par satellite, j'étais aux anges. C'est incroyable ce que les enfants considèrent comme important !

Je crois juste de dire que mon père voyait d'un œil soupçonneux mon arrivée dans l'industrie du cinéma. Il ne s'inquiétait pas tellement d'une célébrité précoce, plutôt que je ne passe pas assez de temps avec des gens normaux, des Moldus pour ainsi dire. Je peux comprendre cette crainte. Il avait travaillé dur pour en arriver là. À vingt-six ans, il avait déjà quatre enfants. Il connaissait la valeur de l'argent et il voulait vraiment, je crois, que ses fils la connaissent aussi. Il voulait que nous apprenions et que nous émulions son éthique de travail très poussée. Cela a dû lui paraître étrange que je commence à gagner de l'argent par moi-même sans travailler autant que lui. Peut-être que son rôle de père lui a été confisqué. Dans une telle situation, il paraît naturel de vouloir prendre du recul.

Les manifestations de ce désengagement étaient de temps en temps difficiles à encaisser. Lors de la première du quatrième film, ma mère et mon père étaient assis chacun d'un côté de moi. Pendant le générique, il s'est gentiment moqué : « Bon, on ne t'a pas beaucoup vu, si ? » Son manque d'enthousiasme m'a paru un peu dur à l'époque, mais avec le recul je le vois différemment. Je sais maintenant, en ayant parlé à ses amis et à ses collègues, comment il parlait de moi quand je n'étais pas là. Je sais maintenant qu'il était très fier de moi. Je sais aussi maintenant que c'est un pli habituel du mâle britannique, cette répugnance à exprimer ses émotions et ce qu'on pense vraiment. Je ne crois pas une seconde que ses soupçons envers l'industrie cinématographique signifiaient un manque de fierté ou d'intérêt à mon égard. Je crois seulement qu'il ne savait pas comment l'exprimer. Il tentait de se dépatouiller d'une situation étrange, ça n'a pas dû être facile.

Mon rôle m'a donné un degré d'indépendance inhabituel pour mon âge, mais mon père aussi a beaucoup joué dans cet aspect. Quand j'avais neuf ans, il m'a emmené en voyage d'affaires à Amsterdam. Je l'entends encore, assis à une table de café dehors sur une grande place, me dire : « Allez, va te balader ! » Je n'avais pas d'argent, je ne savais pas où j'étais, mais il a insisté pour que je découvre tout par moi-même. À l'époque je voyais ça comme de l'indifférence, mais je comprends aujourd'hui que c'était une étape très importante de mon développement. Il savait bien que je pouvais me perdre, mais que si c'était le cas je finirais par retrouver mon chemin. J'aurais bien pu entrer dans le musée du Sexe, j'en aurais été immédiatement expulsé sans douleur. J'aurais pu tomber tête la première, j'aurais alors appris à me relever. Tout ça aurait constitué des leçons de vie. Et il y a bien eu des moments où je suis tombé et où j'ai eu à me relever. Je lui suis très reconnaissant de m'avoir appris ça tôt, et de tout ce qu'il a fait pour moi.

Dans les années qui allaient suivre, j'intégrerais une autre famille. Une famille de magiciens. Ma famille Moldue, elle, était comme toutes les autres : aimante, compliquée, pas exempte de défauts mais toujours là pour moi. Par-delà les ballons de basket et les plaisanteries bouffonnes, ils se sont tous démenés pour me fournir ce qui aurait pu facilement me manquer après ce grand tournant : une bonne dose de normalité.

3

Les premières auditions

ou

Mère l'oie !

Je suis devenu Drago Malefoy parce que ma mère s'est planté un bout de verre dans le pied.

Je vous explique.

Je n'étais pas un surdoué. Oui, j'avais appris de mon grand frère Jink à m'intéresser à la création artistique sous toutes ses formes. Oui, ma mère me soutenait dans toutes mes lubies passagères. Mais j'étais né enthousiaste plutôt que talentueux.

Ce n'est pas de la fausse modestie. J'avais bien quelques dispositions pour le chant. Les quatre frères Felton chantaient pour la chorale de l'église St Nick à Bookham (cependant, par souci de transparence, je dois vous révéler que Chris s'en est fait expulser pour avoir chipé des bonbons à la confiserie toute proche) et une école prestigieuse réputée pour sa chorale avait invité le petit ange blond que j'étais à la rejoindre. J'avais fondu en larmes parce que je ne voulais pas changer d'école et quitter mes amis. Maman, fidèle à elle-même, m'avait dit de ne pas m'en faire ; elle aime bien rappeler de temps en temps que j'avais été accepté dans cette école, cela dit. C'est comme ça, les mères. Ainsi, mon premier souvenir d'avoir occupé le devant de la scène n'est pas lié à la comédie. C'est quand j'ai chanté le solo de *O Little Town of Bethlehem* un soir de Noël à St Nick.

En plus de mes exploits vocaux, je suivais des cours de théâtre après l'école au Fetcham Village Hall, près de chez nous. Ils avaient lieu tous les mercredis après-midi : quinze ou vingt enfants entre six et dix ans qui s'efforçaient de donner forme à une pièce tous les trois mois pour la représenter aux papas et aux mamans. Rien de sérieux, seulement des enfants qui s'amusaient. Cela vaut le coup de le répéter : je n'avais rien de remarquable. J'y mettais vraiment de la bonne volonté, mais ce qui subsiste du souvenir général de mes représentations, ce serait plutôt l'embarras que la gloire. Pour un des spectacles, peut-être *Un chant de Noël*, on m'avait attribué le rôle, aussi passionnant sur le plan artistique qu'épineux techniquement, de « Bonhomme de neige numéro trois ». Ma mère et ma grand-mère se sont donné beaucoup de mal pour confectionner mon costume, constitué de deux robes à armature, une pour le corps, une pour la tête. C'était un cauchemar à enfiler et je me souviens encore de mon calvaire, debout dans les coulisses à guetter entre les rideaux pour découvrir trois ou quatre garçons ricanant à la vue du petit Tom Felton cul nu et bras en l'air, tandis qu'elles me déguisaient en bonhomme de neige. Je me suis habitué à être beaucoup photographié, mais je suis malgré tout heureux qu'aucune preuve photographique de ce moment particulier n'ait émergé.

Une autre fois, nous avions présenté *Bugsy Malone*. En raison de ma performance en bonhomme de neige, digne d'un oscar, j'avais été promu « Arbre numéro un ». Les rôles principaux étaient distribués aux enfants plus âgés, dotés de la capacité cruciale de savoir parler clairement. J'étais un des plus jeunes et je n'avais qu'une réplique, rigoureusement apprise, répétée avec assiduité. Lors de la représentation, j'ai attendu patiemment sur la scène de fortune, à l'écoute de mon signal.

J'attendais.

J'attendais.

Je répétais ma réplique dans ma tête.

Je me préparais pour mon moment de gloire.

Soudain, j'ai pris conscience du silence douloureux qui s'était fait. Tout le monde me regardait, plein d'espoir. Le moment était venu et mon esprit était vide. J'ai donc fait ce que tout jeune acteur qui se respecte aurait fait : j'ai fondu en larmes et je me suis précipité hors de la scène aussi vite que mes branches le permettaient. Après le spectacle, j'ai couru voir ma mère en pleurant pour me confondre en excuses. Pardon, Maman. Pardon ! Ma mère m'a consolé, elle m'a dit que ça n'avait pas d'importance, que ça n'avait rien changé à l'histoire. Et pourtant, aujourd'hui encore j'en ressens de la honte. J'ai déçu la troupe !

Bref, ma carrière d'acteur ne démarrait pas sous les meilleurs auspices. J'aimais bien ça, mais je ne brillais pas particulièrement. Et puis j'ai commencé à avoir plus de devoirs et ma passion pour l'apprentissage du violon s'est déclarée. J'ai dit à ma mère que je n'avais plus trop le temps pour le club de théâtre et ça s'est arrêté là.

Sauf que non.

La dame qui tenait le club était une passionnée extravagante prénommée Anne. Quand ma mère lui a annoncé que j'arrêtais, sa réponse a été particulièrement flamboyante : « Ah non, cet enfant appartient au monde des arts ! Vous devez me promettre de l'amener à Londres pour lui trouver un agent. C'est un talent brut ! Ce serait un gâchis terrible de rien n'en faire ! »

Je suis absolument certain qu'elle avait dit ça à beaucoup d'enfants qui avaient quitté son club. Je n'avais montré aucun talent particulier ces mercredis après l'école, et même plutôt le contraire. C'était à coup sûr l'emphase mélodramatique propre à une dame de théâtre. Mais elle s'est montrée tenace et ses paroles ont semé une graine dans mon esprit. Peut-être que je *devrais* me trouver un agent ? Ce serait plutôt cool, non ? Peut-être que le monde de la comédie me réservait mieux que Bonhomme de neige trois et Arbre un. J'ai réclamé auprès de ma mère qu'elle fasse ce qu'Anne avait suggéré : m'amener à Londres pour passer des auditions auprès d'une agence de comédiens.

Ma mère était une femme très occupée, avec tous ces petits boulots qu'elle empilait pour nous payer nos ballons de basket, nos cannes à pêche et nos violons. En temps normal, elle n'aurait jamais été capable de jongler avec tout ça et en plus de m'accompagner en train pour satisfaire cette lubie soudaine, et c'est là qu'intervient le morceau de verre. Il était dans son pied depuis une éternité, cependant, comme la plupart des mères, elle s'était contentée de mener sa vie en plaçant ses propres besoins au second plan. Mais le moment est finalement venu où il a fallu s'en occuper. L'écharde a été retirée et elle a dû marcher pendant quelques jours avec des béquilles. Ce que ça a changé pour moi, c'est qu'elle a aussi dû s'arrêter de travailler une semaine. C'est ainsi, avec mes réclamations dans une oreille et les éloges d'Anne dans l'autre, qu'elle a suggéré que nous nous rendions à Londres.

Nous avons pris le train à Leatherhead, son plan de Londres dans une main et sa béquille dans l'autre. Notre destination était l'agence Abacus, un petit bureau au troisième étage d'un immeuble quelque part en plein cœur de la ville. J'étais assez sûr de moi en entrant, j'ai dit bonjour et je me suis assis. Rappelez-vous que j'ai trois frères aînés. Ça vous apprend à parler à plus vieux que vous. Une audition consistait simplement, croyais-je à l'époque, à s'assurer que vous n'étiez pas complètement nul ou paralysé par la caméra. Ils m'ont donné à lire quelques paragraphes dans *Le Lion, la Sorcière blanche et l'Armoire magique*, puis ils ont découvert que, loin d'être paralysé par la caméra, je voulais absolument jouer avec et comprendre comment elle marchait. Ils m'ont pris en photo pour la publier dans *Spotlight*, un genre de catalogue d'acteurs, et m'ont renvoyé chez moi. Je n'ai rien fait de plus que ce que doivent faire des tas d'enfants toutes les semaines, j'imagine, mais j'ai dû réussir quelque chose parce que deux semaines plus tard, le téléphone a sonné. C'était l'agence Abacus, qui me proposait de jouer dans une publicité aux États-Unis.

On se rappelle toujours ces coups de téléphone, et le pic d'émotion quand on comprend qu'on a décroché le job. Cette première fois n'a pas fait exception. J'avais sept ans à peine et ils me donnaient l'opportunité d'aller en Amérique, ce qu'aucun des enfants Felton n'avait encore fait. Non seulement je partais pour deux semaines aux États-Unis, mais c'était pour faire le tour de tous les plus beaux endroits du pays ! Le client était une compagnie d'assurances appelée Commercial Union et le concept de la publicité était : « Investissez à nos côtés et, quand vous serez vieux, vous pourrez faire le road trip de votre vie avec votre petit-fils. » Ils avaient besoin d'un mignon petit garçon qui devait se tenir au bon endroit en prenant la main de son grand-père devant tous les jolis coins des États-Unis. Aucun talent particulier n'était nécessaire. C'était le job idéal.

Ma mère m'a accompagné, bien sûr. Nous avons voyagé jusqu'à Los Angeles, l'Arizona, Las Vegas, Miami et New York. Ils nous ont logés dans des hôtels, une grande nouveauté pour nous. Maman était surtout ravie quand on y trouvait un billard, car je pouvais alors me tenir tranquille pendant des heures et, de mon côté, j'étais hypnotisé par une merveille appelée Cartoon Network, autre nouveauté, qui me permettait de regarder des dessins animés *toute la journée*. J'ai aussi découvert que certains hôtels proposaient un service incroyable : on y décroche le téléphone pour appeler quelqu'un à la réception et ils vous apportent des choses à manger ! Dans mon cas : des frites ! Je me rappelle que ma mère avait passé un coup de fil timide à la production pour savoir si je pouvais commander des frites à ajouter sur la note de l'hôtel. J'imagine qu'elle représentait un changement rafraîchissant par rapport aux mères tigresses des enfants stars habituels. Nous n'avions aucune demande exorbitante. J'étais parfaitement content de rester assis dans ma chambre à regarder *Johnny Bravo* avec une assiette de frites.

Notre premier jour de tournage se tenait à Times Square, le plus gros piège à touristes de Manhattan. Une sacrée différence avec Surrey la verte et Fetcham Village Hall. Des barrières séparaient l'équipe de tournage de la foule et du trafic. Il y avait des gens pour s'occuper de mes cheveux, de mon maquillage et de mes vêtements. Je suis resté planté là dans la doudoune rouge et le bonnet qui constituaient mon costume, et j'ai peu à peu pris conscience des gens qui saluaient et applaudissaient. J'ai tourné la tête et je me suis rendu compte que c'était moi qu'ils applaudissaient ! J'ai souri et j'ai fait un signe de la main enthousiaste, ils ont applaudi de plus belle. C'était marrant. J'étais déjà célèbre ! Super ! Sauf que, bien sûr, je ne l'étais pas du tout. J'étais un parfait inconnu. Il s'est avéré qu'avec ma bouille d'ange, mon bonnet et ma doudoune, les gens m'avaient pris pour Macaulay Culkin dans *Maman, j'ai raté l'avion !*, ou alors son petit frère. Désolé, Macaulay, d'avoir volé tes fans, même si ça n'a duré qu'une journée.

Je m'en moquais. C'était excitant, inédit, et j'aimais ça. Il y avait en plus quelque chose comme une prémonition dans la confusion avec Macaulay Culkin, puisqu'il avait été choisi pour *Maman, j'ai raté l'avion !* par le réalisateur Chris Columbus, qui allait me choisir plus tard pour le rôle de Drago Malefoy dans *Harry Potter*.

J'ai été payé la somme princière de deux cents livres pour cette première publicité, mais j'étais trop jeune pour me rendre compte de ce que cela représentait. J'étais toujours content avec mes vingt pence en poche pour le vide-greniers de Dorking, et bien plus satisfait de la doudoune qu'ils m'ont autorisé à garder. J'adorais cette doudoune. J'étais ravi de cette expérience et enclin à la raconter partout autour de moi. J'avais l'habitude d'aller à un centre de loisirs de Leatherhead qui s'appelait les Bambins en folie et je piaffais d'impatience de partager mon aventure avec tous mes amis de là-bas. Je ne leur ai pas parlé du Golden Gate Bridge, ni du Caesars Palace, ni de Times Square. Je voulais me contenter des trucs importants : le room service, Cartoon Network et, bien sûr, la doudoune rouge. Bien vite, cependant, une dure vérité s'est imposée.

Rigoureusement.

Personne.

N'était.

Intéressé.

J'imagine que le monde que je décrivais était si éloigné des Bambins en folie que mes copains ne comprenaient même pas ce que je disais. J'ai rapidement appris à garder ça pour moi.

J'ai continué de passer des auditions. Pour les adultes, ce sont des expériences parfois rudes et, croyez-moi, j'en ai connu. Les pires ne sont pas celles où vous entrez dans la pièce sans pouvoir arrêter de péter (oui, ça m'est arrivé). Non, les pires, ce sont celles où la personne chargée de la décision finale ne vous a pas regardé dans les yeux un seul instant. Les pires sont celles qui comportent un numéro de danse que vous êtes incapable de produire, vous le savez, ils le savent, et ça sera très gênant pour tout le monde. Mais, pour un enfant, je les vivais plutôt bien, même les plus horribles. Je me rappelle un casting particulièrement embarrassant pour une pub de spaghettis, je devais jouer un enfant italien qui mangeait une assiette de pâtes, s'exclamait « *mamma mia* » et chantait une chanson. Je n'aimais pas les pâtes à l'époque et j'étais certain d'avoir l'air complètement idiot. Ça ne m'a pas arrêté. Maman arrivait à transformer nos allers-retours à Londres en petites escapades. Je faisais mon truc et puis on allait chez Hamleys, la boutique de jouets de Regent Street, où j'avais le droit de jouer aux bornes d'arcade au sous-sol pendant que maman buvait une tasse de thé. Bien sûr, nous savions l'un et l'autre ce qui se passerait si j'étais pris. Un autre voyage dans un chouette endroit, une autre occasion de regarder des dessins animés en boucle et, au bout, un autre chèque de deux cents livres. Euh... oui, je veux bien !

Ce sont les auditions les plus étranges qui m'ont valu mes rôles. C'était le cas du boulot suivant : une pub pour Barclaycard. J'étais fou de joie parce que l'égérie de Barclaycard à l'époque était mon acteur favori, celui que j'ai le plus regardé petit et dont j'étais tombé éperdument amoureux : Rowan Atkinson. Certains de nos meilleurs moments passés en famille se sont déroulés devant la télé à regarder *Mr Bean*. Mon père pleurait de rire. Ma mère essayait très fort de ne pas pouffer, généralement sans succès. Nous quatre, les frères, étions littéralement pliés en deux. Avoir l'occasion de rencontrer mon héros, sans parler d'apparaître à l'écran à ses côtés, c'était incroyable.

Ils auditionnaient par paire, je me suis ainsi retrouvé avec une jeune fille devant trois ou quatre directeurs de casting. La fille avait d'immenses cheveux et une robe très colorée. « Il n'y a pas de script, nous ont-ils dit. Quand on vous le dira, vous mimerez cette scène : vous entendez la sonnette, vous allez ouvrir la porte et derrière se trouve Mr Bean. Vous y arriverez ? »

J'ai acquiescé. J'avais passé pas mal d'auditions déjà, je n'étais pas trop nerveux. La fille, elle, était plus excentrique. Elle a demandé aux gens du casting : « A-t-on le droit de s'évanouir ? »

Il y a eu un moment de flottement. Les gens du casting ont échangé un regard. J'ai pensé : waouh, elle y va vraiment à fond. Peut-être qu'il faudrait que je muscle mon jeu.

« Nous préférerions que vous ne vous évanouissiez pas », a répondu quelqu'un.

Elle a eu l'air un peu déçue mais elle a hoché la tête et la scène a commencé. Nous avons mimé l'ouverture de la porte et là, sans que j'aie le temps de réagir et du plus fort qu'elle a pu, la fille excentrique a crié sans raison : « Mère l'oie ! » et elle s'est effondrée au sol comme un sac à patates.

Silence. Les gens du casting ont bien fait attention à ne croiser aucun regard. Ils ne pouvaient pas rire, évidemment. J'ai complètement oublié que j'étais censé réagir à l'apparition de Mr Bean, je me suis contenté de fixer la fille, stupéfait. Je crois que c'est cette réaction qui m'a permis de décrocher le rôle, et j'ai appris quelque chose de cette expérience : ne pas trop se préparer pour une audition. Il ne s'agit jamais de savoir si vous pouvez apprendre un texte ou pleurer sur commande. L'important, c'est ce qui suit, pas ce qui se passe. Il faut réagir à son environnement. Cette fille avait je crois décidé longtemps à l'avance qu'elle allait s'effondrer, et ça ne lui a pas rendu service.

Malheureusement pour moi, Rowan Atkinson s'est retiré de la campagne Barclaycard avant le tournage, si bien que je n'ai jamais eu l'occasion de jouer à ses côtés. Ma mère et moi avons profité d'un beau voyage en France cela dit, mais je ne vais pas mentir, ç'aurait été plus drôle avec Mr Bean comme collègue. J'ai pu skier, quand même. Enfin presque. Pour une scène, je me tenais sur des skis en haut d'une piste verte. C'était la première fois que j'allais à la montagne et que je voyais autant de neige. Je brûlais d'essayer de skier, mais on m'a signalé sans ambiguïté que je ne devais pas bouger le moindre muscle. Se retrouver avec un acteur plâtré était la dernière chose qu'ils souhaitaient. L'assurance ne les aurait pas couverts. J'ai fait comme demandé mais, quelques années plus tard, le temps viendrait pour moi de me montrer légèrement plus souple avec l'application des règles sur un plateau de tournage...

4

La magie en formation

ou

James Blond et frisouilles rousses

Mon premier ennemi à l'écran a bien été un Potter, mais ce n'était pas Harry. C'était l'infâme notaire Ocious P. Potter, dans l'adaptation cinématographique d'un classique de la littérature jeunesse intitulé *The Borrowers*[3]. C'est l'histoire d'une famille de gens hauts comme trois pommes qui vivent cachés parmi les humains. Le plus jeune de la famille est un petit effronté du nom de Peagreen, pour lequel un petit acteur aussi effronté était donc requis : Tom Felton, alors âgé de neuf ans. Sans conteste un sale gosse. Quand un coussin péteur trouvait son chemin jusqu'à la chaise d'un instituteur, mon implication faisait peu de doute. J'étais suffisamment jeune alors pour que ça

3. La série de livres *The Borrowers* de Mary Norton a été traduite en français sous le titre *Les Chapardeurs* par Anne Green et Catherine Chaine. Le film de Peter Hewitt est sorti en France sous le titre *Le Petit Monde des Borrowers* (NdT).

reste craquant, mais ça n'allait plus durer longtemps. En attendant, cela faisait de moi le candidat idéal pour incarner Peagreen.

Je n'ai qu'un très vague souvenir de l'audition, mais je me rappelle quand même avoir lu aux côtés de la merveilleuse Flora Newbigin, qui avait été engagée dans le rôle de ma grande sœur Arrietty, afin de voir si l'alchimie était possible. Ce dont je me souviens très bien, en revanche, c'est de la joie d'avoir été dispensé d'école pour les répétitions et le tournage. Dans les publicités que j'avais tournées auparavant, on me disait tout juste où me placer et où regarder. Mon apport se limitait à ça. *The Borrowers*, c'était du sérieux. J'avais non seulement un vrai rôle, mais il y avait même des cascades, si bien que durant la préproduction, ma mère venait me chercher à l'école à une heure de l'après-midi les lundis, mercredis et vendredis. Nous avions un chauffeur qui s'appelait Jim et notre premier arrêt était pour le *fish and chips* du coin. Je prenais une grosse saucisse et des frites que je mangeais dans la voiture, en chemin vers les répétitions, tandis que ma mère s'excusait profusément auprès de Jim d'empuantir sa voiture avec l'odeur de mon déjeuner.

Ces sessions d'entraînement pour les cascades se déroulaient dans un grand gymnase où les athlètes olympiques s'exerçaient aussi. À l'époque j'étais obnubilé par James Bond et donc un peu déçu que mes cascades ne consistent pas à sauter d'une voiture en marche avec un Walther PPK au poing. Mais c'était marrant quand même et, comparé aux cours de maths, c'était le rêve. On apprenait la gymnastique de base, grimper à la corde avec les jambes plutôt qu'avec les bras, tomber d'une hauteur sans se briser les chevilles, se balancer grâce aux anneaux, sauter sur des matelas et tenir en équilibre sur la poutre. J'étais plutôt bon en sport, pas non plus capitaine de l'équipe de foot mais à l'aise avec une batte de cricket en main, l'entraînement ne représentait donc pas une grosse épreuve. Non, le problème, c'était l'effronterie de Peagreen. Un après-midi, je marchais le long de la poutre quand j'ai soudain décidé de sauter et de retomber avec un pied de chaque côté. De là où j'étais, la hauteur paraissait bonne. Comme je ne voulais pas frimer si personne n'était là pour le voir, j'ai crié à tout le monde d'arrêter ce qu'ils faisaient et de me regarder. Ils se sont tous tournés vers moi. Je me suis placé dans une pose digne de Billy Elliot, j'ai sauté en l'air et j'ai écarté les jambes pour l'atterrissage triomphal...

Vous devinez peut-être comment ça s'est fini. Disons seulement qu'avant que mes orteils touchent le sol, ma chute a été interrompue par une autre partie plus sensible de mon anatomie. L'impact a été aussi douloureux qu'embarrassant. J'en pleure rien que d'y penser.

J'avais dû pleurer aussi à l'époque, mais je me rappelle avoir tout tenté pour conserver ma dignité tandis qu'un horrible silence s'abattait sur le gymnase. Je me suis dégagé de la poutre comme si ma cascade s'était déroulée *exactement* comme prévu, et j'ai couru pour aller me tordre de douleur en cachette et soigner ma fierté blessée en même temps que… je vous laisse imaginer.

Ma fierté allait encore en prendre un coup lorsque l'équipe de coiffure et de maquillage me transformerait en Peagreen. Je peux mesurer ma carrière d'enfant acteur grâce à mes coiffures inhabituelles. Bien avant que les cheveux platine de Drago ne deviennent une constante de ma vie, j'ai fièrement arboré la coupe parfaitement ridicule de Peagreen, une grosse masse de boucles rousses, un peu comme Krusty le clown mais en version orange. Vous trouvez ça moche ? Attendez, vous n'avez encore rien vu. Ma perruque ne couvrait que l'avant de ma tête, du front au sommet, l'arrière était complètement découvert. Il fallait donc teindre en roux les cheveux à cet endroit, et faire une permanente pour obtenir des boucles. Le résultat était un mulet orange très frisé.

Lecteur, j'aimerais que vous vous contrôliez.

J'aimais beaucoup le football à l'époque. Une silhouette en carton taille réelle de Steve McManaman[4]

---

4. Célèbre footballeur anglais ayant joué en équipe nationale, à Liverpool, Madrid et Manchester City (NdT).

décorait ma loge pendant le tournage de *The Borrowers*, et comme tout garçon de neuf ans qui se respecte, je collectionnais les autocollants de footballeurs. Mon plus grand désir était de passer de l'équipe B à l'équipe A dans mon club, mais les tournages me faisaient rater trop d'entraînements. Quand j'étais présent, j'en faisais des tonnes, dans l'espoir de montrer que je le méritais quand même. Mais c'est difficile d'avoir l'air d'un dur sur un terrain de football avec un mulet orange frisé derrière des cheveux blonds lisses. Ça amusait même le coach. « Vous avez manqué la victoire d'un cheveu, les gars, nous disait-il, ou, dans le cas de Tom, d'une frisouille rousse. » Tout le monde rigolait, même lui. Je voyais bien ce qu'il y avait de drôle et je rigolais avec les autres mais, hélas, ma promotion en équipe A n'est jamais venue.

Enfant, je ne me rendais pas compte que passer du temps sur les plateaux de tournage n'avait rien d'ordinaire. Plus d'une fois j'ai supplié ma mère de me laisser finir une partie de foot tandis qu'elle me pressait pour monter en voiture et aller au studio. Toutefois, jouer dans *The Borrowers* était quand même une chouette occupation pour un enfant. J'adorais quand on m'habillait. Mettez un enfant de neuf ans dans une chaussette trop grande tenue par un énorme trombone avec deux dés à coudre en guise de souliers et vous lui aurez créé le déguisement de sa vie. C'était bien des kilomètres au-dessus de mon costume de Bonhomme de neige numéro trois. Ce que j'aimais le plus, cela dit, c'était tout simplement le plateau. Il y avait un peu de travail devant des écrans verts pour les effets spéciaux, mais cette technologie était encore balbutiante et, afin de bien établir la petitesse des Borrowers, tous les objets du décor avaient été conçus à une échelle gigantesque. Je passais mes journées dans des harnais à courir à l'intérieur des murs pendant que d'énormes marteaux essayaient de m'écraser. J'avais l'impression d'être dans un jeu vidéo rien que pour moi ! Dans une scène, j'étais piégé dans une bouteille en verre aussi haute qu'un bus est long, qu'ils avaient remplie d'un liquide blanc épais et malodorant qu'on pouvait prendre pour du lait. C'était une cascade ambitieuse qui nous a demandé des jours de tournage. Pour une autre, il fallait que je m'accroche à un poteau à dix mètres du sol avant de tomber sur un gros matelas. Aujourd'hui, je serais absolument terrifié à l'idée d'une cascade pareille. À l'époque, j'ai insisté pour qu'on la refasse plusieurs fois. Pour être sûr de la qualité de mon jeu, évidemment. Est-ce qu'un enfant pourrait s'amuser davantage ? Je ne vois pas comment.

Jouer dans mon propre monde de Super Mario, c'était déjà super, mais le mieux, c'était que tout cela se déroulait dans les studios de Shepperton. Et quel film se tournait au même moment ? Je vous le donne en mille : le nouveau James Bond, *Demain ne meurt jamais*. Ça, pour moi, c'était un sacré truc. J'ai changé le nom sur ma loge, de « Peagreen » à « Le prochain James Bond ». J'étais fou à l'idée que, dans l'équipe de cascadeurs de *The Borrowers*, certains avaient travaillé sur *GoldenEye*. Les studios de Shepperton sont une série d'énormes hangars vides où on peut construire tous les plateaux qu'on veut. Pour se déplacer dans les studios, on prend une voiturette électrique. C'est très fun, on passe un jour devant un pirate tout costumé en train de manger un sandwich, le lendemain devant un extraterrestre qui se grille une clope en douce. Pour moi, c'était encore mieux, parce qu'il y avait régulièrement plusieurs James Bond qui se baladaient dans les studios. Il y avait les doublures cascade et les doublures tout court, toutes en costume classe et perruques brunes. Vues de dos, toutes étaient James Bond, ça me suffisait. Un jour, un seul, alors que j'étais assis à l'arrière d'une voiturette, j'ai eu un choc. Le Bond qu'on venait de dépasser n'était pas une doublure. C'était Pierce Brosnan en personne, le vrai. Je ne lui ai pas parlé. Je crois qu'on n'a même jamais échangé un regard. Pourtant, à cet âge, c'était un des plus beaux moments de ma vie. Mes amis ne s'intéressaient pas beaucoup à ce que je vivais sur les plateaux, mais cette rencontre avec Bond était plutôt chouette à raconter.

Évidemment, *The Borrowers* comptait aussi son lot de poids lourds du cinéma, même si j'étais un peu jeune pour m'en rendre compte. John Goodman était un acteur prestigieux au charisme imposant. Je me rappelle un jour avoir couru partout dans la salle de maquillage avec un pistolet à eau, jaillissant dans la pièce tel James Bond, hilare et encombrant, alors que John était en train de se préparer tranquillement. Il m'a réduit au silence en un seul regard, sévère, lancé dans le reflet du miroir. Un regard qui voulait dire : on ne joue pas à ça ici, petit. Ça a suffi pour que je sorte de la pièce sans un mot. Maman a beaucoup aimé rencontrer celle qui jouait ma mère à l'écran, Celia Imrie, une de ses héroïnes pour son travail avec Victoria Wood. Son enthousiasme était contagieux, mais je n'avais vraiment aucune idée de qui elle était. Tout ce que je savais, c'est que, par sa présence sur le plateau, elle imposait une atmosphère détendue afin que nous, les enfants, ne nous sentions pas sous pression. Quand on crie sur un enfant pendant un tournage, il va rester longtemps enfermé dans sa coquille. Grâce à Celia, à sa gaieté et à sa nature maternante, ce n'est jamais arrivé.

Je ne le savais pas à l'époque, mais c'est aussi là que j'ai eu mon premier contact avec la bande *Harry Potter*. Jim Broadbent, qui jouait mon père, jouerait plus tard le maladroit professeur Slughorn. Jim a été adorable de bout en bout : un grand sens de l'humour, discret mais incroyable pour parler avec des voix marrantes, il nous a toujours soutenus, nous, les enfants. J'y ai aussi rencontré Mark Williams, qui incarnerait Arthur Weasley. Il aimait tant jouer qu'on aurait presque dit un enfant. Nous n'avons tourné aucune scène ensemble, mais j'ai beaucoup ri avec lui. Je suis certain qu'il ne m'aurait pas grondé si j'avais débarqué dans sa loge avec un pistolet à eau. Il m'aurait plutôt canardé. Grâce à la présence apaisante de Celia, de Jim et de Mark, je n'ai jamais pris tout ça trop au sérieux.

On dit parfois que c'est quand on s'amuse le plus qu'on apprend le mieux. Sans m'en apercevoir, c'est exactement ce que j'ai fait. Entouré d'acteurs de ce calibre, il est normal que j'aie commencé à absorber les bases de la représentation artistique, et sans aucun doute *The Borrowers* exigeait de moi davantage que les publicités qui l'avaient précédé. Ce que je me rappelle surtout avoir appris, cela dit, ce sont les aspects très techniques du fonctionnement d'un plateau. Des choses très élémentaires mais qui me serviraient beaucoup dans ma carrière future. J'ai appris à m'orienter par rapport au cadreur, de sorte que, quand on me demandait de regarder la caméra gauche, je tournais bien la tête à droite. J'ai appris à prendre garde aux petites marques à la craie qui m'indiquaient jusqu'où je pouvais me placer sans obliger le pointeur à changer la mise au point. Plus important encore, j'ai appris que, quand on entend les mots magiques « Ça tourne » et les clics de plus en plus rapides de la bobine qui se met en action, tout le monde sur le plateau doit être concentré. À l'époque, on tournait en 35 mm, chaque minute coûtait des milliers.

Ce n'est pas pour autant que j'étais un modèle de professionnalisme et de retenue. Quand l'instituteur exige de certains enfants qu'ils se tiennent tranquilles, il peut tout aussi bien obtenir un surcroît de chahut de leur part, et je crois bien avoir été de ceux-là. J'avais tendance à piquer un fou rire juste avant que la caméra se lance. Il suffisait que tout le monde crie « Silence ! » et j'étais parti. En général, les adultes étaient patients. Une fois, une seule, j'ai été grondé de la plus polie des manières. Le réalisateur, Peter Hewitt, un type profondément agréable et patient, est venu me voir. Je me rappelle encore aujourd'hui son expression, la pression qu'elle trahissait. L'heure tournait, la bobine allait manquer et il fallait qu'il trouve le moyen d'amener un enfant de neuf ans de l'hystérie rigolarde au sérieux du tournage. Imaginez.

INT. JOUR. STUDIOS SHEPPERTON.

PETER

Tom, s'il te plaît, il est temps
que tu arrêtes de rire.

Tom ferme sa bouche de la main. Il acquiesce. Puis il se remet à rire.

PETER

(un brin de désespoir dans la voix)

Non, vraiment, Tom. Il est temps que tu arrêtes de rire.

Tom fronce les sourcils. Quelque chose dans son air nous indique qu'il vient de comprendre que le réalisateur était très sérieux. Il acquiesce. Il prend l'air sérieux. Puis il se remet à rire.

Peter ferme les yeux. Il respire un grand coup. Il rouvre les yeux. Quand il parle de nouveau, c'est avec le ton d'un homme au comble de l'énervement qui essaye malgré tout de conserver son calme du mieux qu'il peut.

PETER

Tom. S'il te plaît. Je ne plaisante pas. Il faut que tu arrêtes de rire.

Il esquisse un sourire qui signifie : on est d'accord ?

On était d'accord. J'avais compris qu'on m'avait demandé de me calmer le plus gentiment possible. Les caméras se sont lancées et j'ai réussi à me contenir.

Je ne me serais pas amusé autant si je n'avais été entouré *que* d'adultes. Je me rappelle avoir subi une influence massive du côté de Flora. Elle avait quelques années de plus que moi et toujours le mot pour rire, un vrai plaisir. C'était son premier gros film, pourtant elle connaissait déjà très bien le fonctionnement du plateau, elle m'a tenu la main dans toute cette expérience, littéralement et métaphoriquement. Elle s'assurait que je me plaçais bien au niveau de mes marques et que ma perruque étrange n'était pas de travers. Grâce à elle, j'ai passé un excellent moment à tourner *The Borrowers*, à tel point que j'en ai pleuré quand tout s'est terminé.

Nous venions de finir le tournage. Il était six heures du soir et j'étais assis dans le fauteuil du maquillage pour la dernière fois. La maquilleuse devait couper ma permanente orange. J'ai été d'un coup submergé d'émotions, incapable de comprendre. Les larmes me sont montées aux yeux, mais bien sûr le futur James Bond se devait de maîtriser ses sentiments. J'ai donc pensé à un plan machiavélique. J'ai prétendu que la maquilleuse m'avait donné un coup de ciseaux. J'ai crié : « Aïe ! Tu m'as coupé ! »

Hélas, mon plan avait une faille. Elle ne m'avait pas coupé. Elle ne m'avait même pas approché, comme elle me l'a dit. Pourtant, j'ai continué à utiliser cette blessure imaginaire pendant une bonne heure comme excuse pour ces larmes qui ne cessaient de couler.

Je ne pouvais pas m'en rendre compte alors, mais ces larmes m'enseignaient une importante leçon. Le public peut re-regarder un film autant de fois qu'il le souhaite. Il sera toujours là pour lui. Pour les comédiens et l'équipe de tournage, c'est plus compliqué. La magie est dans la création, et ce procédé a eu lieu dans un temps déterminé du passé. On peut se rappeler ce temps, en être fier, mais on ne peut pas le revivre. Tourner *The Borrowers* avait été comme vivre dans mon propre Super Mario, mais une fois parvenu à la fin, le jeu ne sauvegardait rien du tout. Je pouvais m'en souvenir, mais pas revenir à cette partie de ma vie. Dans les années suivantes, ce sentiment me saisirait à chaque fin de tournage. Pendant des mois, on est comme une troupe de cirque. Une communauté soudée. On voyage dans des dizaines de villes. On mange ensemble. On joue ensemble. On se plante ensemble et on répare ensemble les pots cassés. On abandonne famille et amis pour s'agglutiner ensemble dans des hôtels à des kilomètres de là. Ce n'est pas toujours rose, mais on développe nécessairement des liens d'amitié et d'intimité. Et puis soudain tout s'arrête. Cette communauté qui a été une famille de rechange se disperse aux quatre coins du monde. Elle n'existe plus. On dit presque toujours la même chose : qu'on gardera contact, qu'on se verra la semaine prochaine, qu'on parlera du bon vieux temps, et tout le monde est très sincère en disant ça. Et parfois, ça arrive. Mais on sait tous au fond qu'on a fini la partie. Quelle que soit l'expérience vécue, bonne ou mauvaise, c'est un moment particulier, unique, qui s'achève et ne reviendra jamais. Dans les années qui ont suivi, j'ai appris que cela ne s'arrangeait jamais, surtout pas sur un projet de l'ampleur de *Harry Potter*.

Le Tom de neuf ans ne pouvait que céder à ces émotions sans les comprendre. Le Tom de neuf ans ne savait rien du temps qui passe. Il s'intéressait plus à son retour sur les terrains de foot ou autour du lac de carpes qu'à l'analyse de ses sentiments profonds. Cependant, assis dans ce fauteuil, tandis qu'on lui coupait son mulet roux, peut-être a-t-il connu pour la première fois la perte de quelque chose de précieux.

Ce n'était qu'un avant-goût, car le Tom de trente ans pleure encore toutes les larmes de son corps dès qu'un boulot s'achève.

5

Mes frères en ont déjà marre

ou

Des projectiles à la première

On se rappelle toujours sa première fois. Moi, ce sont mes frères qui s'en sont assurés.

La première de *The Borrowers* dans un cinéma de Londres, sur Leicester Square, n'était pas ma première séance de visionnage du film. Celle-ci avait eu lieu dans une salle de projection du Hard Rock Café, un cadeau de la production pour moi et quelques camarades de mon école. C'est un bon souvenir et je crois que mes amis ont bien aimé, même si c'était peut-être grâce aux mini-burgers et au Coca gratuit, plutôt. La première était une soirée beaucoup plus formelle. Ce n'était encore rien par rapport à ce que l'avenir me réservait, mais c'était déjà énorme. Personne dans ma famille ne s'était déjà rendu à une première, nous ne savions pas du tout à quoi nous attendre. Mon père et ma mère n'auraient pas du tout pu me préparer à ce qui allait venir. Il y avait une foule aux abords du cinéma et cette fois elle n'était

22 September 1987

Surrey

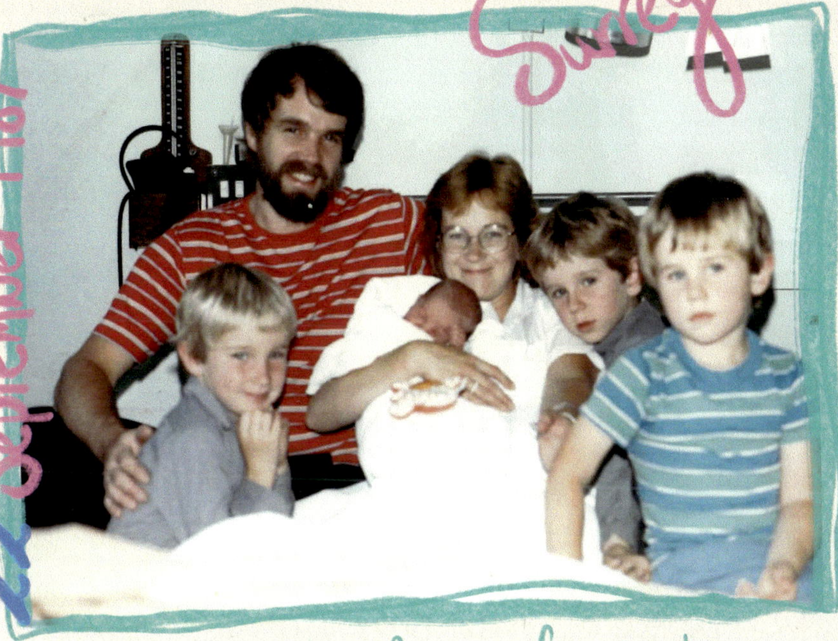

My parents, brothers & me, a few minutes after I was born.

1991

Dad and me on holiday.

Me & Mum

FRANCE 1993

Family camping trip.

With Jink, Ash & Chris

One of my first acting gigs,
In a nativity play.

In dodgy Gryffindork colours :(

With my pretend grandfather in my first advert.

My real grandfather, at the High Table in the Great Hall.

...NEW YORK

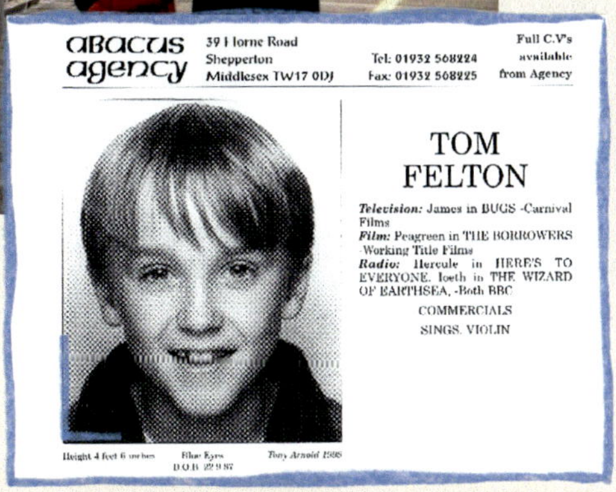
abacus agency
39 Horne Road
Shepperton
Middlesex TW17 0DJ
Tel: 01932 568224
Fax: 01932 568225
Full C.V's available from Agency

TOM FELTON

Television: James in BUGS -Carnival Films
Film: Peagreen in THE BORROWERS -Working Title Films
Radio: Hercule in HERE'S TO EVERYONE. Ioeth in THE WIZARD OF EARTHSEA, -Both BBC

COMMERCIALS

SINGS. VIOLIN

Height 4 feet 6 inches
Blue Eyes
D.O.B 22.9.87
Tony Arnold 1998

Larking about while filming The Borrowers.

1996

Me and mum at Shepperton Studios.

With Jodie Foster in Malaysia filming Anna and the King.

A Slytherin in the making

2001

Early Potter days.

Muggle Studies with Emma and Alfie.

My happy place as a young teenager.

Harry Potter Star Is Carp Crazy!

He's great at Quidditch and loves nothing more than hopping on a broomstick! But carp fishing is more important than any of this to Tom Felton, the lad who plays Draco Malfoy in the Harry Potter films...

Angler Fact File

Chris Columbus directing us in our first big scene.

Thanks Devon. Thanks Josh

First DVD launch by the Hogwarts Express.

To mum Love u Loads Tom Felton

First Name : Thomas
Surname : Felton
Date : January 2002 Form: 9 SA

House Points Gained	0
Lates	9
Absences (out of 148)	77
Uniform Marks	0

FORM TUTOR'S COMMENT

Thomas is a confident and interesting member of the form who has a good sense of humour. However, as this report shows, many of his teachers are concerned about his progress. This has been hindered by his absences, but the situation worsened by lack of effort and poor behaviour whilst in school. Thomas does not contribute to school life and the form group which is a shame as I feel that he has much to offer.

Signed: S Miller

HEAD OF YEAR'S COMMENT

Thomas must put more effort into his studies when he is in school, and avoid distracting others. We expect more from Thomas.

Signed:

~~HEAD'S~~/DEPUTY HEAD'S SIGNATURE

Signed: D Evans

An early mixed review.

Robbie

Hagrid and the spooky rubber Tom.

Martin

Disney Awards with Emma.

The brothers visit Jink at Uni.

Me and mum on the way to a Potter premiere.

2007

With Chris Columbus in New York.

pas venue applaudir Macaulay Culkin, elle était là pour moi et le reste de l'équipe. Je ne crois pas que ça me soit monté à la tête. Ai-je déjà dit qu'avoir trois grands frères aide beaucoup à garder les pieds sur terre ?

Nous sommes arrivés dans un convoi de Morris Minor, les voitures utilisées dans le film. J'en suis sorti vêtu d'un élégant costume blanc, avec une cravate noire et une chemise blanche (je vous ai dit que j'ai très tôt voulu décrocher le rôle de James Bond). C'était un peu intimidant, je suis donc resté collé à Flora. C'était mon filet de sécurité. Elle portait bien plus le poids du film que moi. Elle était Batman et moi Robin. Elle était Harry et moi Ron (presque littéralement grâce à mes cheveux orange). Flora avait confiance en elle, elle parlait bien, elle était très à l'aise avec les caméras et pendant les interviews. Je l'ai agrippée et j'ai suivi son éloquent modèle.

Tandis que j'étais dehors sur le tapis rouge, ma famille est entrée dans le cinéma. Ils y ont trouvé beaucoup de femmes bien habillées portant des plateaux de coupes de champagne offertes. Comment ont-ils su que c'était offert ? Chacun en a eu la confirmation orale par l'une de ces jolies femmes, séparément, après le lui avoir demandé. Mon frère aîné Jink a tout particulièrement fait honneur à cet alcool gratuit, comme tout adolescent de seize ans qui se respecte. Comme il avait une heure à tuer entre notre arrivée et le début du film, il a pu consacrer pas mal de temps à la biture. Il s'est emparé furtivement de plusieurs verres avant de tituber vers l'auditorium quand l'heure a enfin sonné. À peine le générique avait-il commencé que Jink a subitement eu très envie d'être ailleurs. Il s'est levé, a trébuché dans l'allée sur quelques spectateurs agacés, puis il a disparu.

Cinq minutes ont passé. Aucun signe de Jink. Mon père a grommelé quelques mots choisis avant de se lancer à la recherche de son rebelle d'aîné. Sans surprise, il était enfermé dans les toilettes, à genoux, priant la porcelaine tandis que le champagne trouvait le chemin de la sortie. Mon père est resté debout à côté de la porte, en costume et bottines, pendant que Jinx se vidait l'estomac. La cerise sur le gâteau ? Quelqu'un est entré dans les toilettes, l'a vu planté là en costume et l'a donc pris pour un employé. Il lui a donné une livre de pourboire. Ce n'était pas tout à fait comme ça qu'il avait imaginé passer la soirée (mais il a quand même gardé la livre).

Jink a raté le film, mon père a raté le film, et les festivités n'étaient pas terminées. Une grande soirée a suivi. Elle se tenait dans un énorme entrepôt décoré des accessoires disproportionnés du film. Il y avait de la musique, des jeux, des bonbons et, vous l'avez deviné, encore du champagne gratuit. Ce fut cette fois le tour d'Ash, âgé de treize ans, marchant dans les pas de son grand-frère, de goûter le fruit de la campagne française. Après plusieurs verres derrière la cravate, il a jugé que c'était le moment idéal pour faire un tour dans le château gonflable avec Chris. Ce n'était *pas* le moment idéal. Le château était destiné à des enfants moitié moins grands qu'eux. Chris a donné par inadvertance un coup de genou dans le crâne d'un garçon de neuf ans. Pour ne pas rester à la traîne, Ash a fait quelques sauts avant de projeter un jet spectaculaire de vomi vers le coin du château. Il a rampé en dehors et a lâché un rot sonore avant de s'écrier qu'il allait bien mieux, à présent.

Tout bien considéré, je crois qu'on peut dire que le comportement des frères Felton, sur l'ensemble de la soirée, avait été mitigé, au mieux. Mais ça ne m'a pas gâché le plaisir. J'ai pris la soirée pour ce qu'elle était. Après tout, ce n'est pas comme si j'avais entretenu l'espoir délirant de devenir acteur, encore moins star de cinéma. J'avais eu ma place au soleil, le plus probable à présent était que cette première fût ma dernière. N'est-ce pas ?

6

Anna et le Roi

ou

Clarice et Hannibal

Je ne vais pas mentir. Je n'avais encore jamais jugé avoir un talent quelconque pour la comédie, pas plus que je n'avais l'impression d'avoir accompli la destinée que m'avait tracée Anne du club théâtre, mais j'étais quand même très satisfait de *The Borrowers*. Je pensais m'en être bien sorti. C'était marrant de me voir sur grand écran. C'était peut-être d'une terrible arrogance, ou peut-être que le doute permanent et la peur de l'embarras des adultes ne m'avaient pas encore atteint, tout simplement.

J'adore aller au théâtre. J'y vais pour le spectacle, bien sûr, mais aussi pour voir les réactions du public devant l'œuvre qu'on lui présente. L'une des réactions les plus émouvantes que j'aie vues était celle d'un petit garçon pendant la comédie musicale *Matilda*. J'étais assis à côté de lui, il était avec sa mère et ne devait pas avoir plus de cinq ans. Il ne parvenait pas à détourner les yeux de la scène. Il ne comprenait sûrement rien à l'histoire. Je suis à peu près sûr que la plupart des blagues lui passaient au-dessus. Mais il était complètement immergé. Moi, je trouvais le spectacle un peu tire-larmes. Ça n'aurait eu aucun sens que je lui demande si ça lui avait plu. Il était trop jeune pour être critique. Il m'a rappelé ce temps avant que je ne succombe à la tyrannie du jugement et de la gêne, celle du monde des adultes.

Aujourd'hui, quand on me demande mon avis sur le métier d'acteur, mon conseil est toujours le même. Amusez-vous. Redevenez enfant. Débarrassez-vous de l'analyse lourdingue des adultes. Oubliez les notions de bon et de mauvais. Cette devise me sert beaucoup. Je m'efforce souvent de me rapprocher du Tom de *The Borrowers*, ou de ce petit garçon devant *Matilda*, de me libérer des réticences que provoque la gêne.

Un peu de cette liberté m'accompagnait encore quand j'ai passé l'audition pour le gros film suivant. *Anna et le Roi* était un cran au-dessus de *The Borrowers* sur le plan du prestige et de la production. Jodie Foster, énorme star de Hollywood, tenait le rôle principal, et le tournage aurait lieu quatre mois durant en Malaisie. Le casting était bien plus rigoureux que tout ce que j'avais connu. J'ai participé à deux ou trois auditions à Londres, puis, faisant partie des deux derniers encore en lice, j'ai voyagé à Los Angeles pour un dernier essai.

Avec le recul, adulte, je m'aperçois que c'était un moment particulier. Mais je n'étais qu'un enfant et je ne me rendais pas compte à quel point tout ça était extraordinaire. Ils m'ont envoyé avec ma mère en avion jusqu'à Los Angeles, logé dans un hôtel complètement dingue doté non seulement d'une piscine intérieure, à ma plus grande joie, mais aussi d'un jacuzzi. Quel enfant n'aime pas le jacuzzi ? Quel enfant ne s'y raconte pas en gloussant qu'il est dans un gigantesque chaudron à prouts ? Ou alors ce n'est que moi ? J'étais bien plus intéressé par mes retrouvailles avec Cartoon Network et le room service que par mon audition. Dans mon souvenir, l'autre garçon visé pour le rôle avait une mère bien plus présente que la mienne. Elle lui faisait répéter son texte, elle faisait presque de la direction d'acteur. Ma mère ne faisait jamais ça. Elle ne m'a jamais entraîné, ne m'a jamais expliqué comment dire telle réplique, elle m'a toujours encouragé à suivre mon instinct. De bien des manières, je n'étais pas préparé du tout, mais je crois que c'est cette attitude qui m'a valu le rôle. Vous vous rappelez la fille à la mère l'oie ? J'étais une fois de plus son complet opposé. Je suis allé à cette audition à Hollywood libre de tout stress, de toute appréhension. J'étais le Tom normal, et je crois que c'est ce qu'ils cherchaient. Ils souhaitaient vérifier que j'étais à l'aise quand douze personnes me regardaient bloc-notes en main, à se chuchoter des trucs à l'oreille, parce que si ça me mettait mal à l'aise, je ne serais pas à ma place sur un plateau de cinéma. Ils voulaient savoir si je m'adaptais et s'il était possible de me diriger. Ils désiraient déterminer si je savais réciter une réplique de plusieurs manières. Avant tout, je crois qu'ils voulaient quelqu'un qui fût à l'aise et moi je voulais surtout en finir pour retrouver le plus vite possible l'hôtel et son hilarant chaudron à prouts, ce qui m'a beaucoup aidé.

Ma mère et moi sommes revenus chez nous, dans le Surrey, et je n'ai plus trop pensé à tout ça. J'étais toujours plus préoccupé par ma promotion en équipe A. J'avais peut-être de meilleures chances à présent que ma coiffure ne détonnait plus tant. Cependant, quelques semaines plus tard, ma mère est venue me chercher à l'école et, en me raccompagnant vers la voiture, elle m'a dit qu'elle avait une nouvelle à m'annoncer. « Tu as le rôle ! »

J'ai ressenti une poussée d'excitation. « C'est vrai ? »

« Oui ! »

J'ai été pris d'une subite fringale. « Tu m'as amené un stick de fromage, maman ? »

J'étais obnubilé par les sticks de fromage à l'époque. Je le suis toujours. Bien plus que par jouer dans des films.

La décision était prise : maman et moi partions en Malaisie pour quatre mois. C'était à peine si j'avais entendu parler de ce pays et personne dans ma famille n'était jamais allé en Asie. Nous ne savions pas du tout à quoi nous attendre, mais nous étions tous les deux très excités à cette idée. Ma mère a démissionné de son boulot, et nous sommes partis.

Ç'aurait été quatre mois bien solitaires sans ma mère. C'était la première fois que je me trouvais privé si longtemps d'une journée normale à l'école avec mes amis, et ça m'avait manqué. Il n'y avait pas de réseaux sociaux, à l'époque. Je n'avais pas du tout de téléphone portable. Je n'ai pas dû parler à un de mes amis plus d'une fois ou deux pendant ces quatre mois. Mes frères et mon père ne nous ont rendu visite qu'une fois, pour une semaine. J'étais le seul enfant occidental sur le plateau, ce qui était un peu perturbant, mais je me suis rapidement fait des amis sur place.

C'est aussi là que j'ai connu ma première expérience de leçons particulières, qui se tenaient tous les jours durant trois à six heures dans un Algeco froid et venteux pourvu d'une seule petite fenêtre. Ma tutrice, Janet, avait beau être une femme délicieuse et intelligente, l'activité de la classe me manquait, comme la proximité de mes camarades et, oui, la possibilité de faire des bêtises. Difficile d'être le clown de la classe quand la classe ne compte qu'un élève. Les leçons particulières sur le lieu du tournage allaient devenir une constante de ma vie d'enfant, mais j'ai bien peur de n'avoir jamais aimé ça.

Ma lubie du moment était le rollerblade. Quand je n'étais ni en tournage ni en cours, je harcelais ma mère pour qu'elle me photographie pendant que je feignais de faire des *grinds* ou des *tricks* sur mes rollerblades, pour que je puisse envoyer les photos à mes amis et leur montrer que je m'amusais beaucoup. Je ne crois avoir trompé personne.

Je me suis parfois senti seul en Malaisie, mais cela m'a quand même permis de rencontrer des gens de milieux très différents. Je ne pourrai jamais surestimer l'aide que cet enrichissement culturel m'a apportée plus tard dans la vie. Ma mère a tout fait pour me faciliter les choses. Le budget du film était énorme, la cantine extraordinaire. Ils servaient des repas dignes d'hôtels cinq étoiles, poêlée de ceci et truffade de cela, sous des tentes gigantesques. Je n'en mangeais pas une miette. J'avais, et j'ai toujours, des goûts très élémentaires en matière de nourriture, et un petit appétit. J'étais plus que ravi avec une barre de chocolat et un sachet de chips, plutôt que tous ces plats sophistiqués. Tentant de me faire avaler autre chose que des sucreries, ma mère s'aventurait en voiture pour aller me chercher mes nuggets de poulet préférés chez KFC. Elle n'aime déjà pas trop conduire sur les routes tranquilles du Surrey, alors les autoroutes encombrées du centre de Kuala Lumpur, vous pensez ! Mais elle les affrontait. Grâce à elle, j'ai échappé à une méchante intoxication alimentaire qui a frappé toute l'équipe une semaine durant. N'allez pas me dire après ça que les nuggets de poulet sont toujours mauvais pour la santé.

Comme tous les enfants, j'avais mes jours sans, quand le mal du pays ou l'isolement étaient trop forts. Je me rappelle une poignée de matins passés à pleurer, à gémir que je voulais tout arrêter. Je me rappelle avoir sué des litres d'eau dans un costume trois-pièces en lin qui nécessitait une heure pour que je l'enfile ou que je l'enlève. Je me rappelle avoir mendié, en pleurs, l'autorisation de rentrer chez moi. Mais l'après-midi venue je me calmais et tout s'arrangeait.

Et puis bien sûr, il y avait Jodie Foster.

Mes frères avaient essayé de me faire regarder *Le Silence des agneaux* depuis des années, mais ma mère avait heureusement fait échouer leurs tentatives de m'effrayer à vie (ils sont malgré tout parvenus à glisser un visionnage de *Terminator 2*). Je ne savais donc pas à quel point Jodie était célèbre. On m'en avait *informé* cela dit, j'aurais ainsi pu penser qu'elle était plutôt du genre John Goodman que Mark Williams. Mais si j'avais pensé ça, je n'aurais pas pu être plus éloigné de la réalité. Jodie Foster était absolument adorable. J'ai fini par apprendre que, sur un plateau de tournage, tout découle de l'attitude de ceux d'en haut. Si l'acteur dont le nom orne le haut de l'affiche fait le difficile, tout le tournage le devient. Jodie Foster, comme sa co-star Chow Yun-fat, a fait preuve d'une gentillesse, d'une politesse, d'une patience et, plus important encore, d'un enthousiasme incroyables tout du long. Elle a même su garder son calme quand je lui ai envoyé un coup de pied à la figure.

Nous étions en plein tournage. Jodie jouait ma mère, amenée à la cour du roi de Siam pour fournir une éducation occidentale à son harem et ses enfants. Mon personnage, Louis, se disputait avec un autre enfant, qui le plaquait au sol. Il fallait que Jodie intervienne et nous sépare. Je pédalais dans le vide à l'aveugle quand je l'ai touchée en pleine figure. Ce n'était pas une éraflure. C'était un vrai coup, dont beaucoup d'autres acteurs se seraient bruyamment plaints. Pas Jodie. Elle s'est montrée adorable, même quand le choc a été diffusé plusieurs fois d'affilée dans le clip du bêtisier, lors de la fête de fin de tournage.

* * *

Avançons de quelques années. J'ai la vingtaine et une demande d'audition m'est adressée. Il s'agissait d'un film intitulé *Hitchcock*, qui recréait le tournage de *Psychose* et comptait Sir Anthony Hopkins dans son casting. Comme j'avais déjà tourné enfant dans un film avec Jodie Foster, ç'aurait été cool de faire la totale du *Silence des agneaux* en ayant travaillé avec les deux rôles titres, non ?

Eh bien, peut-être pas. On m'avait appelé le matin pour une audition dans l'après-midi. À peine le temps de lire le script, sans parler de le creuser. Je devais lire les répliques d'Anthony Perkins, qui jouait Norman Bates. Je n'avais pas vu le film original, j'ai donc regardé quelques vidéos de lui et je me suis rendu compte que ça n'irait pas du tout. Il faisait plus d'un mètre quatre-vingt-cinq, pas moi. Il avait les yeux et les cheveux sombres. Pas moi. Il exsudait une forme de psychopathie menaçante. Je vous laisse juge de ça me concernant.

C'est l'une des rares fois où j'ai appelé mon agent depuis ma voiture juste avant d'entrer pour lui demander si je devais *vraiment* passer cette audition. « Je ne conviendrai pas. L'opportunité de jouer avec Anthony Hopkins se représentera peut-être, dans le cadre d'un projet plus adapté. » Mon agent était d'accord mais m'a persuadé de quand même passer l'audition, histoire de montrer mon visage aux producteurs et au réalisateur.

J'y suis donc allé. J'ai attendu devant la salle. La porte s'est ouverte et l'actrice américaine Anna Faris, qui passait avant moi, en est sortie. Exagérant son soupir comme à la scène, elle a pointé un doigt vers la salle et m'a dit : « Il est là-dedans ! »

Qui est là-dedans ? Elle était partie avant que j'aie pu lui demander.

Je suis entré. Comme je m'y attendais, j'ai vu une ligne de producteurs bien habillés, avec le réalisateur.

Comme je ne m'y attendais pas, j'ai aussi vu Sir Anthony Hopkins lui-même, habillé sans prétention, assis là, prêt à me donner la réplique. À cet âge, j'avais déjà vu *Le Silence des agneaux* plusieurs fois. J'allais jouer une scène avec Hannibal Lecter sans y avoir été préparé le moins du monde.

Mon estomac s'est noué. Je flippais complètement, terriblement conscient de ne pas connaître le script, le personnage, de ne rien savoir du film. J'étais sûr de ne rien avoir à faire là. Mais il était trop tard, j'avais mis mon doigt dans l'engrenage. Nous nous sommes serré la main et je me suis assis en face de lui.

Nous avons commencé. Sir Anthony a lu la première réplique. J'ai lu la mienne avec un accent américain abominable. Il m'a dévisagé. Il a cligné des yeux. Il m'a souri. Il a poussé son script sur le côté et il m'a dit : « Tu sais quoi, on oublie le script. On va parler comme si tu étais ce personnage, histoire de voir si tu le connais bien. »

Si je le connaissais bien ? Je connaissais à peine son nom. J'étais complètement à côté de la plaque.

« OK », ai-je couiné.

Sir Anthony m'a fixé de son regard intense. « Dis-moi donc ce que ton personnage pense du *meurtre*... »

Je l'ai fixé en retour, essayant de rivaliser d'intensité avec Hannibal Lecter. Et je lui ai répondu... j'aimerais me rappeler. C'était si absurde, si terriblement traumatique, que mon cerveau a complètement bloqué ce souvenir. Il m'a posé d'autres questions, toutes plus étranges que la précédente. Qu'est-ce que ton personnage pense de ça ? Que ressent-il à ce propos ? Mes réponses allaient du gênant au carrément bizarre. Jusqu'à ce qu'il dise enfin : « Et que pense ton personnage... des enfants ?

— Des enfants ?

— Oui, des enfants.

— Euh..., ai-je commencé.

— Oui ? a-t-il demandé.

— Hum..., ai-je poursuivi.

— Qu'est-ce qu'il *aime* ? a-t-il enchaîné.

— Il aime... Il aime le sang des enfants », ai-je répondu.

Silence de mort. Je l'ai regardé. Il m'a regardé. Les producteurs se sont regardés. J'aurais voulu ramper jusque dans un coin de la pièce pour y mourir.

Sir Anthony a acquiescé. Il s'est éclairci la gorge et a dit poliment, dans un tout petit sourire : « Merci d'être venu. » Ce qui voulait dire : c'était insupportable, pars avant d'empirer la situation s'il te plaît.

Le soulagement, quand je suis sorti de l'immeuble, a compensé la performance catastrophique que j'avais livrée à Sir Anthony. Pas de beaucoup, mais assez pour que j'appelle certains amis pour leur raconter avec enthousiasme la pire audition de l'histoire.

7

Les auditions de Potter

ou

Quand Drago a rencontré Hermione

Jusqu'à l'âge de onze ans, j'étais inscrit dans une école de garçons vaguement chic, Cranmore. Ce n'était pas Poudlard. Il n'y avait pas de tours, de lacs ni de Grande Salle. Mais c'était un établissement très vieille école. Il y était bien vu d'être premier de la classe, on y respectait davantage les bonnes notes que, disons, sécher les cours pour s'exciter sur un plateau de tournage. Mon grand-père avait participé aux frais d'inscription. C'était un universitaire (j'en reparlerai) et, plutôt que d'économiser pour les frais d'université, il avait aidé mes parents à placer leurs quatre fils dans le privé assez tôt. L'idée était de nous bourrer le crâne de savoir académique tant que nous étions jeunes et impressionnables.

Si j'ai de quelconques qualités académiques, comme de connaître l'arithmétique élémentaire et de considérer la lecture comme une activité plaisante, c'est entièrement grâce à ces années passées à Cranmore. Dès que mon temps dans le privé a été écoulé, mon attention s'est évaporée petit à petit. Je me rappelle nettement, durant les deux derniers mois là-bas, cette plage d'une demi-heure après le déjeuner durant laquelle l'instituteur nous lisait parfois une histoire à haute voix. Un jour, il avait choisi une histoire de garçon magicien qui vivait dans un placard sous l'escalier. En vérité, peu importe, ma réaction aurait été la même quelle que soit l'histoire : laisse tomber, mec ! Un garçon magicien ? C'est pas mon truc.

À onze ans, j'ai changé d'école. La nouvelle était plus proche de la maison et bien moins bourgeoise. Elle s'appelait Howard of Effingham et, si Cranmore m'a inculqué les bases académiques, Howard m'a appris à socialiser avec n'importe qui. Pour la première fois, j'ai entendu des élèves répondre à des profs, quelque chose d'inconnu à Cranmore. J'ai vu des élèves fumer dans l'école et des filles renvoyées chez elles parce que leur jupe était trop courte. Je ne savais pas ce que le futur me réservait, bien sûr, mais je crois encore aujourd'hui que ma vie aurait été très différente si je n'avais pas changé d'école. Les écoles privées sont, comme les plateaux de tournage, des environnements très spéciaux. Howard of Effingham m'a inoculé une bonne dose de normalité.

La transition n'a pas été facile pour autant. Lors des premières semaines, tout le monde devait porter l'uniforme de son école précédente. La plupart étaient donc habillés pareil : un T-shirt et un short. Il n'y avait que moi et mon copain Stevie qui détonions : casquette marron, blazer et chaussettes remontées jusqu'aux genoux. Autrement dit, j'avais l'air d'un pingouin, ce qu'on ne manquait pas de me rappeler souvent. Ce n'était pas facile de se présenter comme ça, mais avec le recul, ce changement me faisait du bien. J'avais grandi dans l'idée que le seul moyen de réussir était d'être une grosse tête. Je commençais à comprendre qu'une qualité bien plus essentielle et efficace était de savoir communiquer avec des gens d'horizons variés. Me trouver dans un environnement plus standard m'y aiderait. Cela deviendrait d'autant plus avantageux que d'autres pans de ma vie allaient devenir de moins en moins normaux.

Jusqu'à ce point, je m'en étais sorti en étant un petit garçon espiègle. Mieux : ça m'avait valu des rôles. Mais il y a un temps, quand vient l'adolescence, où l'espièglerie se transforme en autre chose. Je suis devenu un peu pénible. Un peu dépravé. Enfin, je vivais quand même dans les beaux quartiers de Surrey et, dans le genre dépravé, on avait connu pire. Je faisais simplement de mon mieux pour m'adapter à un nouvel environnement. Pour paraître ordinaire.

Et j'étais ordinaire. Bien sûr, j'avais fait un peu de comédie. Tourné quelques pubs et deux films. Mais tout le monde s'en moquait. Mes nouveaux copains s'intéressaient plutôt au skateboard, à la pyrotechnie et au partage de cigarettes derrière le local à vélos. Je crois d'ailleurs que, moi-même, je ne m'intéressais pas trop aux films. C'était un à-côté marrant, rien de plus. Je n'avais aucune intention que ça devienne plus sérieux. Si j'avais dû ne plus jamais tourner, ça ne m'aurait fait ni chaud ni froid.

C'était tout à fait possible. Je développais une forme de snobisme chic, une certaine forme d'arrogance. Personne n'aurait voulu donner un rôle à un garçon comme ça, si ?

* * *

Je ne savais pas du tout, quand mes agents m'ont proposé d'auditionner pour un rôle dans un film intitulé *Harry Potter à l'école des sorciers*, qu'il s'agirait d'un projet d'une ampleur bien différente. Dans mon esprit, c'était un autre *The Borrowers*, un film à gros budget avec plein d'enfants et, si je m'en sortais bien, un rôle pour moi. Et si je ne m'en sortais pas bien ? Pas de problème. Ce n'était pas l'alpha et l'oméga. Il y aurait bien d'autres occasions sur la route.

Dès le casting, les différences sont rapidement devenues évidentes. Il s'agissait d'auditions ouvertes à tous. C'est mon agent qui m'avait suggéré d'y aller, mais la très grande majorité des enfants étaient venus parce qu'ils adoraient les livres de *Harry Potter*. Je crois que j'étais le seul à être là sans avoir aucune idée de ce qu'étaient ces livres et ce qu'ils représentaient pour tant de gens. J'avais évidemment oublié depuis longtemps les séances de lecture après la cantine et ces histoires de garçon magicien.

Le casting était plus long et plus compliqué que tout ce que j'avais connu. Il n'impliquait pourtant pas de voyage à Hollywood, mais il était très approfondi. Il y avait des milliers d'enfants à chaque audition. Accorder à chacun ses chances de succès demandait beaucoup de temps. Cela a dû être épuisant pour toute l'équipe. Moi, j'ai abordé tout ça avec mon manque habituel d'enthousiasme visible. Tous les autres étaient très excités à l'idée d'apparaître dans un film et connaissaient les livres par cœur. J'étais l'exact opposé.

Ils ont aligné une trentaine d'entre nous. Un des adultes, dont je découvrirais plus tard qu'il s'agissait du réalisateur, Chris Columbus, a longé cette ligne en demandant à chaque enfant quelle était la partie du livre qu'il ou elle préférait. Je me rappelle n'avoir pas été emballé par cette question. Les réponses fusaient, nettes et précises, Hagrid ! Crockdur ! Quidditch !, et moi je restais planté là à me demander quand je rentrerais chez moi. Ce n'est que quand le tour de mon voisin est venu que j'ai pris conscience de mon absence totale d'idée sur la question. Je n'y avais pas pensé une seconde, or, je ne savais pas du tout de quoi on parlait. Qui était cet Hagrid ? Qu'est-ce que c'était le Quidditch ? Mon voisin a annoncé que c'était surtout Gringotts qui l'enthousiasmait, et j'ai pensé : « Mais de quoi s'agit-il ? Des animaux volants, peut-être ? »

Je n'avais pas le temps de me renseigner. Chris Columbus s'est tourné vers moi. « Quelle partie du livre as-tu le plus hâte de découvrir à l'écran, Tom ? »

J'ai laissé passer un instant. Il y a eu un long silence gêné dans la salle. J'ai dégainé mon sourire de vainqueur et j'ai pointé du doigt mon voisin. « Pareil que lui ! » Et puis j'ai mimé un petit battement d'ailes. « J'ai hâte de voir des Gringotts ! »

Une pause. Pesante.

« Tu veux dire que tu as hâte de voir Gringotts ? La banque ? » a demandé Columbus.

« C'est ça ! ai-je rapidement tenté pour me raccrocher aux branches. La banque ! J'ai hâte ! »

Il m'a lancé un regard qui en disait long. Il savait que je lui racontais des histoires. Je savais qu'il savait que je lui racontais des histoires. Il a hoché la tête, puis il a continué son chemin le long de la ligne à recevoir des réponses enthousiastes et informées.

Bon, ai-je pensé. *Des fois on gagne, des fois on perd, c'est la vie.*

Mais l'audition n'était pas finie. Columbus a annoncé qu'on allait faire une petite pause. « Restez dans les parages, a-t-il dit. Personne ne va vous filmer. Faites ce que vous voulez. » C'était bien sûr un stratagème. Les caméras tournaient et un gros micro dans son étui poilu pendait au milieu de la pièce. J'avais déjà été sur des plateaux, je voyais bien ce qui se tramait et ça me donnait la confiance. Je n'avais pas du tout envie de tomber dans le piège.

Une jeune fille curieuse s'est approchée de moi. Elle avait des cheveux châtains frisés et ne devait pas avoir plus de neuf ans. Elle a pointé un doigt vers le micro et m'a demandé : « Qu'est-ce que c'est ? »

J'ai jeté un œil rapide avec un air désabusé, un peu crâneur. Il se pourrait même qu'il y ait eu un brin de mépris. « Qu'est-ce que c'est quoi ?

— Ça ?

— C'est le signe qu'ils nous enregistrent. C'est évident. » J'ai tourné le dos à la fille et je me suis éloigné un peu, la laissant s'ébahir au milieu de la salle. J'ai su plus tard qu'elle s'appelait Emma Watson. C'était la première fois qu'elle était plongée dans l'ambiance d'un tournage. J'ignore si quelqu'un a entendu notre petit échange. Si c'est le cas, il ou elle a dû détecter un peu du Serpentard en moi.

La dernière partie de l'audition était un entretien seul à seul avec Columbus. C'est très difficile de faire passer des auditions aux enfants. En restant réaliste, à quoi pourrait-on s'attendre si on se contentait de leur tendre le texte d'un monologue et de les faire monter sur scène ? Mais Columbus avait le talent de faire émerger ce qu'il voulait voir en nous. Nous avons répété une courte scène où Harry pose des questions à Hagrid à propos d'œufs de dragon. Les œufs de dragon étant plutôt rares en nos contrées, l'accessoire était un œuf de poule ordinaire. La scène était simple. Nous avons répété une fois et ils ont lancé la caméra.

INT. JOUR. SALLE D'AUDITION.

TOM

(dans le rôle de Harry)

Qu'est-ce que c'est, Hagrid ?

COLUMBUS

(avec sa plus belle voix de Hagrid)

C'est un œuf très précieux de Norvégien à crête, voilà ce que c'est.

TOM

Waouh ! Un vrai œuf de dragon !
Où est-ce que tu l'as eu ?

COLUMBUS

C'est très rare, ils sont très rares, Harry. Très durs à se procurer.

TOM

Je peux le prendre ?

Une pause.

COLUMBUS

D'accord, mais fais attention.
C'est très fragile.

Il m'a tendu délicatement l'œuf mais, juste avant que je m'en saisisse, il l'a délibérément fait tomber. L'œuf s'est écrasé au sol. Il y avait du dragon partout. Il a observé ma réaction. Je crois que la plupart des enfants auraient essayé de dire quelque chose ou bien auraient paniqué devant ce changement de situation. Je me suis contenté de rigoler, comme le sale gosse que j'étais.

Mon effronterie, ou mon arrogance, comme vous voulez, n'était pas une barrière. On m'a rappelé plusieurs fois après ce premier jour. J'ai lu au moins deux fois pour le rôle de Harry, puis pour celui de Ron. Cette fois, il s'agissait de répliques simples tirées du film, mais cela ne signifiait pas grand-chose pour moi, qui n'avais aucune idée de qui étaient ce garçon magicien sous l'escalier ou son camarade roux. Ils m'ont donné des lunettes rondes à porter et ils m'ont dessiné une cicatrice sur le front. J'ai passé des journées entières au studio avec les autres enfants sélectionnés. Ils m'ont même teint les cheveux en roux à un moment. Heureusement j'ai évité le mulet permanenté cette fois-là. J'ai commencé à me dire que ce serait peut-être chouette de jouer ce Harry Potter...

Et puis les auditions se sont achevées et je n'ai plus eu de nouvelles des mois durant.

Bon. Pas de nouvelles, bonnes nouvelles, hein ?

Non.

Nos vacances annuelles en famille se déroulaient dans un camping en France. Ma mère, mon père et les quatre garçons Felton s'entassaient dans le van Transit bleu malgré sa fâcheuse tendance à tomber en panne à mi-chemin sur l'autoroute. C'étaient les meilleures vacances de ma vie, sans conteste. De la baguette fraîche. La découverte du Nutella. Je me revois cette année-là, traînant autour des tentes, en train de jouer au yoyo pendant que ma mère lisait le journal. Un jour, elle m'a appelé pour me montrer une photo.

Il s'agissait de deux garçons et d'une fille. L'un des garçons avait les cheveux sombres. L'autre une chevelure rousse. La fille avait de longs cheveux châtains frisés. Je l'ai tout de suite reconnue, c'était cette fille avec qui je n'avais pas été très sympa lors de l'audition. Le titre annonçait : « Le casting de *Harry Potter* révélé ».

J'ai feint la nonchalance. « Oh, bah, ça sera pour la prochaine fois », ai-je dit, et je me suis éloigné pour continuer à jouer avec mon yoyo. Je ne vais pas mentir, il y avait malgré tout une pointe de déception. Mais je l'ai vite maîtrisée et, dix minutes plus tard, j'étais passé à autre chose. Ç'aurait pu être drôle d'être un magicien, mais ça n'arriverait pas. Je n'avais plus qu'à profiter de mes vacances et à jouer au yoyo au soleil.

* * *

Et puis bien sûr on m'a rappelé. Ils ne voulaient pas de moi pour jouer Harry ni Ron (ni Hermione). Ils avaient un autre rôle en tête. Drago Malefoy, le méchant. Apparemment.

J'aimerais pouvoir vous dire que le Tom de douze ans s'est précipité dans sa chambre avec les livres de *Harry Potter* puisqu'il en passait les auditions, mais ça n'a pas été le cas. Et je crois que ça m'a aidé. L'équipe du film ne cherchait pas d'acteurs, ils voulaient *les personnages eux-mêmes*. Avec Daniel, Rupert et Emma, ils ont visé juste. Ce sont (ou du moins c'étaient) exactement ou presque Harry, Ron et Hermione. Quant à moi, même si j'aime à penser que Drago et moi ne sommes pas exactement pareils, il y avait certainement quelque chose dans mon air nonchalant qui leur avait tapé dans l'œil. Est-ce que Drago serait rentré chez lui pour potasser les livres, à la Hermione ? Je ne crois pas. Aurait-il menti pour répondre à une question sur ses personnages préférés ? C'est bien possible.

Il fallait jouer son rôle mais, plus important, il fallait ressembler à son personnage. Ils ont voulu voir à quoi je ressemblerais avec les cheveux blancs. C'était la première d'une longue suite de décolorations, une constante de ma vie pendant les dix années suivantes. Il a fallu beaucoup plus longtemps que prévu pour obtenir la coiffure de Malefoy la première fois. On ne peut pas passer simplement d'une couleur à une autre, surtout pour aller vers du plus clair. Il faut appliquer le peroxyde par couches, puis ajouter la teinture. La première fois, le peroxyde m'a brûlé la tête. On aurait dit que des fourmis rouges me grignotaient le cuir chevelu. J'étais à l'agonie. Après ils m'ont dit qu'il fallait recommencer et je les ai suppliés de ne pas faire ça. Mes plaintes sont restées lettres mortes. J'étais de retour dans le fauteuil du coiffeur. Il fallait au début six ou sept passages en quelques jours pour obtenir la bonne couleur, celle que l'équipe du film voulait vraiment obtenir. Ils voulaient voir ce que donnait le blond de Malefoy à côté du roux de Weasley et du châtain de Granger. J'ai passé des heures de tests caméra positionné à côté de blocs de différentes couleurs pour leur donner une idée de ce que je donnerais dans une robe de Poudlard sombre, par exemple, ou dans le costume vert et argent de l'équipe de Quidditch des Serpentards.

Ils voulaient bien sûr savoir aussi à quoi je ressemblerais à l'écran à côté de Harry, Ron et Hermione. Les trois rôles principaux étaient là pour une de mes dernières auditions, afin que l'équipe puisse juger de l'interaction entre nos teints, nos tailles et nos comportements. Nous étions parvenus à l'étape du processus où il s'agissait de lire des scènes ensemble, fini les histoires d'œuf cassé, nous avons donc travaillé la rencontre entre Harry et Drago.

J'ai un an de plus que Rupert, deux de plus que Daniel et presque trois de plus qu'Emma. Au fur et à mesure des films, cette différence s'est amenuisée. Mais il y en a encore beaucoup entre un enfant de douze ans et un autre de neuf, et dans mes souvenirs, je me *sens* bien plus âgé. Les premiers moments étaient étranges, comme toute rencontre entre enfants. Nous étions tous plutôt timides (Rupert un peu moins). Loin des caméras, j'étais probablement un peu distant avec ces gamins plus jeunes. J'étais le produit d'une famille avec trois grands frères, rappelez-vous. Leur réserve adolescente avait déteint sur moi, et pas qu'un peu. Sans doute que cela se sentait lors des tests caméra. Est-ce que cela m'aiderait à décrocher le rôle ?

* * *

Une ou deux semaines plus tard, j'étais dans le jardin de mon copain Richie, à jouer au football. Sa mère Janice a crié depuis la fenêtre : « Tom, ta mère au téléphone ! »

J'étais agacé. Le match ne penchait pas de mon côté. J'ai couru jusqu'à la maison et j'ai pris le combiné avec un geste d'impatience, poussant et soufflant. « Ouais ?

— Tu l'as !

— Quoi ?

— Tu as décroché le rôle !

— Quel rôle ?

— Drago ! »

Il y a eu un petit moment de silence, le temps que j'assimile l'information.

« Cool, ai-je fini par dire. Ça devrait être marrant. »

Et puis j'ai ajouté : « Je peux y aller, Maman ? Je suis mené 2-1. »

J'aimerais vous dire qu'il y a eu de l'enthousiasme et des feux d'artifice, mais vraiment, tout ce que je voulais, c'était reprendre ma partie. Je suis retourné au jardin. Richie était là, balle en main, impatient. Il ne m'est arrivé que très rarement d'avoir envie de partager avec mes amis ce qui se passait dans cette autre partie de ma vie. L'indifférence que j'avais connue chez les Bambins en folie quelques années plus tôt m'avait enseigné qu'ils s'en ficheraient probablement. Mais, là, j'en ai ressenti le besoin.

« Qu'est-ce qui se passe ? a demandé Richie.

— Pas grand-chose. J'ai décroché un rôle. Ça devrait être marrant.

— C'est quoi ?

— *Harry Potter*. Je joue le méchant.

— Harry qui ?

— Laisse tomber. On finit le match ou quoi ? »

J'ai perdu ce match. Mais j'avais gagné un rôle.

C'est ainsi que tout a commencé.

8

Première lecture

ou

Bisou bisou bisou sur les fesses

Les scripts étaient écrits. Le casting complet. Mais le premier jour de tournage ne peut être aussi celui de la rencontre entre les acteurs et le script. L'équipe de tournage doit s'assurer que tout roule avant que les caméras tournent, que tout sonne comme il faut. C'est pour ça qu'il faut une première lecture. Tout le monde s'assied autour d'une table, et on lit le script à voix haute.

J'avais déjà fait des premières lectures, mais jamais à cette échelle. J'étais plus qu'intimidé quand j'ai vu la taille de l'équipe. Nous nous sommes installés dans un vaste hangar aux studios Leavesden, dans lequel était disposé un énorme carré de tables de sept mètres sur sept, autour duquel se sont installés l'équipe d'acteurs adultes, l'équipe d'acteurs enfants, et leurs chaperons. Nous, les enfants, nous sommes tous dit bonjour, mais, à l'image de mon personnage, je me plaçais au-dessus de la mêlée. On a demandé aux chaperons de s'asseoir un peu plus loin dans le hangar et, tandis que ma mère s'installait avec sa tasse de thé, j'ai pris ma place à cette table immense. J'ai regardé autour de moi, j'ai observé ceux qui feraient partie de ma vie pour les dix ans à venir. Daniel, Rupert et Emma, je les avais bien sûr déjà rencontrés. Ça paraît bizarre de dire ça maintenant mais, à l'époque, ce n'était pas, et de loin, les visages les plus connus de ce hangar, même si je ne m'en rendais pas compte alors. Il y avait, rassemblés dans cette pièce, certains des acteurs britanniques les plus connus des dernières années. Richard Harris était assis à une extrémité de la table, Dame Maggie Smith à une autre. Richard Griffiths, John Hurt, Julie Walters... J'étais cerné par l'aristocratie de la comédie, même si je ne savais pas qui étaient ces gens. J'étais nerveux et, si je m'étais rendu compte en quel genre de compagnie je me trouvais, je l'aurais été bien plus encore.

Il y avait des exceptions. D'un côté de la table, il y avait un homme à l'air sévère et au nez distingué, dont le visage m'était familier. C'était Alan Rickman et j'étais terrifié, non pas en raison du parfum de menace qu'il faisait planer sur la pièce dans son rôle de Severus Rogue, mais parce que j'adorais le film *Robin des bois, prince des voleurs* et particulièrement sa performance sous les traits de l'atroce shérif de Nottingham. Se trouver dans la même pièce que le shérif en personne était suffisant pour que même mon vernis d'écolier arrogant se craquèle. De l'autre côté de la table, il y en avait un autre à l'air beaucoup moins sérieux, arborant un sourire comique qui me fait encore rire aujourd'hui rien que d'y penser. Rik Mayall était pour mes frères et moi un héros, surtout pour Ash. Nous avions été biberonnés par *The Young Ones* et *Bottom*[5], et Rik Mayall nous envoyait régulièrement morts de rire au tapis. J'avais hâte de rentrer pour lui dire que j'avais rencontré « Rik, mais le P est muet ». J'étais entouré de Dames et de Sirs, mais je ne pouvais pas croire que Rik était dans la même pièce que moi.

Devant moi, le script. Je l'avais parcouru en me concentrant sur mes répliques, mais je ne l'avais pas lu en entier. Pour les films suivants, les scripts seraient individuellement repérés au moyen d'un filigrane, si bien qu'en cas de fuite, on en saurait tout de suite l'origine. Celui-là ne l'était pas, mais il n'en était pas moins précieux. Le script, c'est parole d'évangile. Jo Rowling était très protectrice de son texte, à raison, et Steve Kloves, qui écrivait l'adaptation des livres à l'écran, marchait sur une ligne de crête étroite. Il ne pouvait bien sûr pas tout inclure, cela aurait donné des films de

5. Sitcoms britanniques. *The Young Ones* a été traduit en français sous le titre *Les Branchés débranchés* (NdT).

sept heures. Mais une fois le script approuvé, il n'y avait presque plus aucune marge de manœuvre. Cela dit, il était essentiel de l'énoncer à haute voix ensuite afin d'identifier les passages qui ne fonctionnaient pas, qui étaient trop lents ou trop ennuyeux. Je ne le savais pas encore à l'époque, mais la première lecture est parfois sans pitié avec les acteurs. Si, en l'entendant ainsi tout haut pour la première fois, les cinéastes n'apprécient pas tel accent face à tel autre, ou si quelque chose ne sonne pas comme il faut, ils n'hésitent pas à tout couper, voire à remplacer l'acteur en question. C'est ce qui est arrivé à Rik Mayall, mais ce n'était pas lors de la première lecture. Il jouait le rôle de Peeves, l'esprit frappeur farceur, et il avait tourné toutes ses scènes. On aurait pu croire qu'il était impossible de faire un meilleur choix d'acteur, mais pour une raison que j'ignore, toutes ont été coupées.

Nous avons fait un tour de table pour nous présenter. *Salut, je suis David Heyman, l'un des producteurs. Salut, je suis Daniel et je joue Harry Potter. Je m'appelle Richard et je joue Albus Dumbledore. Je m'appelle Tom et je joue Drago Malefoy.* Robbie Coltrane et Emma Watson étaient assis l'un à côté de l'autre. Quand est venu leur tour, ils ont échangé leurs rôles. *Je suis Robbie et je vais jouer Hermione Granger. Je m'appelle Emma et j'interprète Rubeus Hagrid.* J'avais trouvé ça hilarant à l'époque, que le géant Robbie et la micro Emma échangent leurs rôles. C'était du Robbie Coltrane tout craché d'essayer ainsi d'apaiser la tension dans la pièce avec son excellent sens de l'humour. Il avait compris qu'il était impossible de tout prendre au sérieux dans une pièce remplie d'enfants. Il avait le chic pour détendre l'atmosphère.

J'étais quand même toujours nerveux. La lecture a commencé. Tout le monde était parfait. Je sentais approcher ma première réplique, plusieurs pages à l'avance. Je l'avais surlignée, j'avais même corné la page en question. Je répétais la phrase dans ma tête. *C'était donc vrai, ce que j'ai entendu dans le train. Harry Potter est élève à Poudlard.* Soudain, j'ai eu un flash-back, je me suis revu en train de jouer Arbre numéro trois et oublier ma réplique avant de m'enfuir en larmes. Ça n'arriverait pas cette fois, évidemment...

Mon moment est venu. J'ai lu ma réplique en vitesse et tout s'est bien passé. Ma nervosité s'est envolée. À mi-parcours, nous avons fait une pause. Rik Mayall a sauté de sa chaise et s'est écrié : « Le premier arrivé aux toilettes ! » Il a sprinté comme un guide devenu fou entraînant une vingtaine d'enfants derrière lui. Moi le premier.

Faire un film est une affaire sérieuse. Des gens ont investi beaucoup d'argent dans ce projet. Ils risquent gros et veulent vérifier que cet investissement est correctement employé. Il y avait de nombreuses grosses légumes à la lecture ce jour-là, exactement pour cette raison. Mais j'avais le sentiment, grâce à des gens comme Robbie et Rik, que tourner *Harry Potter à l'école des sorciers* serait plutôt amusant. Est-ce que le film rencontrerait le succès ? Y en aurait-il d'autres ? Ça, je l'ignorais. Je n'y pensais pas trop, à vrai dire. C'était un film comme un autre, pour moi. Je ne m'attendais pas à ce qu'il me change la vie.

Il y avait bien plus excitant que la première lecture ce jour-là : l'opportunité de me présenter à Rik Mayall. L'anniversaire d'Ash approchait et Maman avait pensé à prendre avec elle sa carte d'anniversaire. Je lui ai timidement demandé de la signer. Il a accepté très gentiment. Pour mon plus grand plaisir, il a griffonné : « Joyeux anniversaire, Ash, Amitiés, Rik Mayal, bisous bisous bisous sur les fesses ! » Puis il est allé faire quelques pas de danse à la Peeves pour amuser d'autres enfants.

Ma mère a regardé la carte. Elle a secoué la tête et froncé les sourcils. « Je ne suis pas sûr, Tom, a-t-elle dit. Je crois que c'est un peu déplacé.

— Détends-toi, Maman, lui ai-je répondu. C'est une blague. » J'ai rangé la carte à l'abri comme un précieux trésor. Ce que c'était. Mes frères n'étaient pas très impressionnés par ma carrière d'acteur, mais un bisou sur les fesses de Rik Mayall, ça valait son poids en or.

9

Drago et Darwin

ou

Comment Malefoy a trouvé son sourire en coin

Mon grand-père est génial. Il s'appelle Nigel Anstey, géophysicien de profession. Géophysicien éminent, devrais-je dire, avec une longue liste de récompenses et même un prix à son nom. Quand est venu le temps d'aller tourner sur place *Harry Potter à l'école des sorciers* et qu'il a fallu me désigner un chaperon, c'est grand-père qui a décroché le rôle. Ma mère ne pouvait pas de nouveau abandonner son poste. Ma grand-mère est donc venue à la maison pour l'aider pendant que grand-père et moi prenions la route.

Avec sa longue barbe grise, mon grand-père ressemble à Darwin ou, si vous préférez, à un vieux magicien. C'est pourquoi, quand Chris Columbus l'a vu pour la première fois dans l'escalier des studios Leavesden alors qu'il m'accompagnait pour ma séance de coiffure et de maquillage, il a estimé qu'il ferait un fantastique professeur de Poudlard.

INT. JOUR. ESCALIERS DES STUDIOS LEAVESDEN

Un homme barbu et élégant escorte un gamin blond débraillé vers la loge du maquillage. Ils rencontrent Chris Columbus, qui s'arrête un moment, cligne des yeux et penche la tête.

COLUMBUS

(avec l'enthousiasme du réalisateur américain)

Hello, avez-vous lu le livre ?

PAPY

(avec la réserve de l'universitaire britannique)

En effet.

COLUMBUS

Vous feriez un magicien parfait ! Vous avez déjà pensé à jouer dans un film ?

PAPY

Pas du tout.

COLUMBUS

Eh bien, nous adorerions vous compter parmi les professeurs de Poudlard ! Vous y réfléchirez ?

Un silence.

PAPY

Je m'y efforcerai.

Ce n'était jamais arrivé qu'un membre de la famille fasse une apparition dans un de mes films. Mon grand-père a été l'exception. Dans le premier film, vous le verrez tout à droite de la table des professeurs la première fois que les élèves pénètrent dans la Grande Salle, ou quand le professeur Quirrell annonce qu'il y a un troll dans le donjon, ou encore assis à côté de Lee Jordan durant le premier match de Quidditch. Il ressemblait aussi beaucoup à Richard Harris, si bien qu'il jouait fréquemment la doublure de Dumbledore pour des cadrages. Toutefois, son influence sur les films allait plus loin que quelques apparitions fugaces devant la caméra.

Ma grand-mère adore les histoires de fées, d'esprits, de magie, de fantômes et de gobelins, une passion qu'elle m'a transmise. Mon grand-père, de son côté, est archi-scientifique. Il est lent, méthodique et très rationnel.

Mes frères et moi avons beaucoup joué aux échecs contre lui, il nous battait toujours à plates coutures mais insistait à chaque fois pour utiliser les cinq minutes de réflexion réglementaires entre deux coups. Nous perdions d'ennui une fois sur deux. Cependant, malgré toute cette rationalité, il adore les arts. Il aime l'opéra, la musique classique et contemporaine, le théâtre, la poésie et le cinéma. Je crois que ça lui a plu d'être dans le film, et que ça lui a plu de me préparer au rôle.

J'ai tendance à bafouiller quand je parle. Mes mots s'entrechoquent sous l'effet de l'enthousiasme, j'ai même commencé à développer un léger bégaiement. Mon grand-père m'a appris à ralentir mon débit. À articuler clairement et précisément. C'est une leçon importante pour un jeune acteur, et il ne s'est pas contenté de me donner des conseils génériques. Il a joué un rôle déterminant dans l'une des caractéristiques les plus repérables de Drago : son sourire en coin.

Ce sourire est l'essence de Drago, mon grand-père a donc insisté pour que je le travaille. On s'asseyait devant un miroir dans le petit *bed and breakfast* tout près du lieu de tournage, et on le travaillait ensemble, jusqu'à en être satisfaits. Il me disait d'imaginer que je souriais à l'annonce d'une terrible nouvelle. Si le sourire était trop large, j'aurais paru trop gai. Il s'est donc assuré que j'arborais un petit sourire gluant. Ceci fait, il m'a appris à soulever et faire vibrer mes narines, comme si je reniflais une mauvaise odeur. « Parfait, jugeait-il. Maintenant, avec une seule narine ! » Enfin, il m'a encouragé à canaliser dans mon sourire la frustration que je ressentais à être le plus jeune des frères, le plus petit, le plus faible. J'en étais plein, de cette frustration ! Tous les petits frères se sentent maltraités. Si Drago pouvait donner l'impression de traiter les autres comme j'estimais que mes frères me traitaient, c'était gagné.

Je faisais ce qu'il disait. Je m'asseyais face au miroir et je me souvenais de toutes les fois où mes frères m'avaient traité d'asticot ou de gringalet. De toutes les fois où ils ont squatté la télécommande sans jamais me laisser regarder. Je me rappelais comment Jink m'avait énervé un jour autour de la table de billard de quatrième main que papa nous avait ramenée d'un vide-greniers à Dorkin. J'avais saisi ma queue de billard et la lui avait lancée comme un javelot. Il l'avait évitée, très égoïstement, et le javelot avait continué sa route jusqu'à un carreau de la porte de derrière, qu'il avait brisé.

Bien sûr, mes frères seront toujours mes meilleurs amis et mon foyer n'avait rien à voir avec le manoir des Malefoy. C'était un endroit heureux, drôle, chaleureux. Drago est le produit d'une famille sombre et maltraitante, je suis celui d'une famille aimante. Mais ces séances avec mon grand-père devant le miroir m'ont enseigné une importante leçon de l'art du comédien. Un acteur apporte toujours une part de lui-même dans un rôle, il travaille avec des éléments de sa propre vie qu'il façonne pour en tirer autre chose. Je ne suis pas Drago. Drago n'est pas moi. Mais la frontière n'est pas complètement tranchée. Elle est floue par endroits.

10

Ennemi public numéro un (deuxième partie)

ou

Gregory Goyle et le chocolat chaud explosif

Un tournage, c'est un travail collaboratif. Les films *Harry Potter* étaient les produits de centaines d'esprits créatifs et brillants, depuis Jo Rowling jusqu'aux caméramans en passant par les décorateurs et certains acteurs extraordinaires. Selon moi, la glu qui les unissait tous au cours des deux premiers films, le type qui a fait d'eux ce qu'ils sont, c'était le réalisateur, Chris Columbus.

J'étais fan de lui avant même de le connaître. Il avait tourné certains de mes films préférés, dont *Madame Doubtfire* et la série des *Maman, j'ai raté l'avion !* avec Macaulay Culkin, dont j'avais volé les fans l'espace d'un instant à New York. Mais quel enfant songe au réalisateur du film qu'il regarde ? Je n'avais pas été particulièrement ému de jouer aux côtés de Jodie Foster et John Goodman, ce n'était pas de travailler avec un réalisateur dont je ne connaissais même pas le nom qui allait me perturber ! Mais les choses ont vite changé. Columbus est rapidement devenu comme un mentor pour moi ; sans lui, mes performances auraient été tout autres, indéniablement.

Columbus comprenait instinctivement comment travailler avec des enfants, comment en tirer le meilleur. On ne fait pas un film comme *Maman, j'ai raté l'avion !* sans une petite touche de joie enfantine, j'imagine. Il avait compris qu'avec vingt gamins dans la salle, les occasions de se dissiper étaient nombreuses. (Les combats de pouces et les chifoumis avaient la cote.) Il n'essayait pas d'empêcher ça. Au contraire, il l'encourageait. Il avait l'extraordinaire faculté de ne pas se laisser dévorer par l'ampleur du projet, et il y parvenait par le chahut. Il avait installé, entre autres, un petit terrain de basket, un panier seulement, en plein milieu des studios. Au départ, c'était juste pour lui, pour tirer quelques paniers à la pause déjeuner. Deux ou trois autres l'ont rejoint, puis j'ai demandé si je pouvais jouer aussi. « Bien sûr, p'tit gars, viens jouer, viens jouer ! » Finalement, on s'est retrouvés comme ça à huit, à aller jouer pendant trois quarts d'heure après le repas. Le problème, c'est qu'après un quart d'heure de jeu, mes cheveux et mon costume étaient trempés de sueur et chaque centimètre carré de mon fond de teint pâle coulait le long de mon visage. Columbus s'est fait gronder par l'équipe coiffure et maquillage de nous laisser nous mettre dans cet état. « Désolé, p'tit gars, m'a-t-il dit l'air contrit, j'aimerais que tu joues mais on ne peut vraiment pas. » (J'ai quand même réussi à infiltrer la partie quelques fois après ça, en maintenant ma transpiration au minimum.)

Columbus ne voulait pas trop nous dire quoi faire ni comment jouer. Il détenait une connaissance essentielle, celle de savoir ce qui faisait fonctionner un plan observé depuis son moniteur. De là, il savait exactement que dire à chacun pour en tirer ce qu'il voulait. La clé était d'ailleurs le plus souvent dans ce qu'il ne disait pas, plutôt que dans ce qu'il disait. Sa stratégie était parfois de modifier l'environnement pour que les performances des enfants adviennent naturellement, de manière organique. Le meilleur exemple de cette technique a été l'arrivée dans la Grande Salle. Tous les enfants avaient été maintenus à l'écart du plateau, à dessein, jusqu'au jour du tournage. Dans l'intervalle, Columbus s'était démené pour que tout soit magnifiquement parfait. Les tables étaient dressées, les décors peints en place. Des centaines de bougies volantes étaient accrochées au plafond avec du fil de pêche (qui a fondu ensuite, provoquant leur chute). Dumbledore, Hagrid, Rogue (et mon grand-père) étaient assis en costumes de cérémonie au bout de la table. Il n'y avait pas de ciel étoilé bien sûr, juste un énorme échafaudage en guise de toit, mais il était malgré tout impossible d'entrer sans se trouver béat d'admiration. Les réactions des « première année » de Poudlard que vous avez vues à l'écran sont authentiques. Ils étaient aussi ravis qu'il y paraît, exactement comme Columbus l'avait intelligemment prévu. Il n'avait rien eu à nous dire. Il n'avait eu qu'à concevoir les circonstances parfaites pour obtenir la réaction qu'il voulait. (Bien sûr, j'avais quant à moi mon attitude blasée habituelle, mon air d'avoir déjà tout vu ; j'avais beau être aussi impressionné que les autres, mon expression a paru légèrement moins enchantée que les leurs. Je n'ai aucun doute quant au fait que tout ça faisait partie du plan de Columbus : mon attitude collait parfaitement au rôle.)

L'enthousiasme de Columbus ne connaissait aucune limite. Son refrain habituel était « Super, mon gars, c'est *super* ! » Vers la fin du deuxième film, on s'est même mis à l'imiter avec nos propres tentatives de « Super, mon gars ! » et je suis absolument sûr qu'il n'y aurait vu aucune objection. Il l'aurait même encouragé. Il voulait qu'on s'amuse à faire des bêtises parce qu'il savait que cela se traduirait à l'écran.

En face à face, sa technique de direction d'acteur était tout aussi ingénieuse. Comme il était super, tout le monde voulait l'impressionner, moi le premier. Il disait beaucoup qu'il adorait détester Drago. À chacun de mes sourires en coin, chacun de mes airs de supériorité manifeste, après le « Coupez ! », il faisait la grimace et, dans un sourire, me disait : « Oh, petit salopard ! » Plutôt que de me dire ce qu'il voulait, il répondait positivement à celles de mes performances qui lui plaisaient le plus. Ce faisant, il obtenait le meilleur, sans imposer de stress et sans donner d'ordres. C'est pour moi le signe d'un grand réalisateur.

Ce n'était pas qu'une partie de plaisir, bien sûr. Son attitude relax était l'effet d'un travail de haute précision pour tirer le meilleur de ses acteurs juvéniles. Mais de notre côté, nous ne pouvions pas nous permettre d'être relax à ce point. Avec autant d'enfants sur le plateau, ça aurait tourné à l'asile de fous. Comment garder le contrôle sur une horde de hooligans gonflés à bloc quand le patron s'inquiète surtout de les voir bien s'amuser ? Il fallait que quelqu'un joue, si ce n'est le mauvais flic quand Columbus était le bon, du moins le flic *strict*. C'est là que Chris Carreras entrait en scène : le deuxième Chris qui comptait sur le plateau de *Harry Potter*.

Carreras était le premier assistant réalisateur. Le bras droit de Columbus. Il dirigeait tout sur le plateau. Il fallait qu'il s'assure que tout soit prêt à temps, que tout se déroule comme prévu, que chacun sache ce qu'il devait faire et quand. C'était sa responsabilité et ce n'était pas une mince affaire quand il se trouvait face à une mer déchaînée de gamins excités. Carreras était le type parfait pour ça. C'est l'un des assistants réalisateurs les mieux établis, les plus respectés du domaine. Il menait son plateau à la baguette, et il le faisait bien. Il ne se séparait jamais de son sifflet noir pendu autour de son cou. Dès le premier jour, il nous a fait un discours. Tel Dumbledore informant les élèves que le couloir du deuxième étage était interdit à tous ceux qui ne souhaitaient périr d'une mort atroce, Carreras a soulevé son sifflet et énoncé les lois. « Si je siffle là-dedans et que vous ne vous taisez pas, je vous renvoie chez vous. »

Carreras était un chic type, mais on avait tous un peu peur de lui. J'imagine qu'il ne nous aurait pas *vraiment* renvoyés chez nous, mais il avait l'air suffisamment sérieux et respecté pour laisser entendre qu'il le *pourrait*. À chaque fois qu'il faisait retentir son fichu sifflet, tous les enfants à portée d'oreille stoppaient net leurs activités, fermaient leur bouche et écoutaient.

À quelques exceptions près.

Josh Herdman, qui jouait Goyle, et moi avions pour habitude de nous attirer des ennuis. Je me souviens parfaitement de notre premier jour de tournage dans la gare de King's Cross. C'était une des rares journées où mon père me chaperonnait, et je suis heureux de vous annoncer que je n'ai pas été le seul Felton à créer des problèmes ce jour-là. Il est monté sur le plateau, très impressionné par le nombre de caméras et d'accessoires, par la foule d'artistes et de techniciens et, bien sûr, par le panneau « Voie 9 ¾ », érigé pour la première fois et camouflé aux yeux du public jusqu'à présent. Mon père a sorti son appareil photo dans un élan d'enthousiasme, ce qui était bien sûr rigoureusement interdit et parfaitement contraire à l'étiquette des plateaux. Un assistant réalisateur l'a vu par-derrière et a crié que quelqu'un prenait des photos. Un essaim furieux s'est formé, dans lequel tout le monde cherchait le lâche paparazzi. Mon père a promptement caché son appareil avant de pointer du doigt une direction au hasard en criant « il est parti par-là ! » C'est ainsi qu'il évita avec habileté une réprimande importante.

J'ai eu moins de chance que lui. Le temps était glacial ce jour-là, si bien que l'équipe avait prévu du chocolat chaud pour tous les enfants. J'ai avalé goulûment le contenu de mon gobelet avant de le déposer vide sur le sol. Josh l'a écrasé du talon, en un geste plutôt cool. Mais lui buvait le sien assez lentement et l'avait ainsi à peine touché quand le sifflet de Carreras a retenti. Il a posé son gobelet par terre et s'est mis à écouter avec attention. J'ai été moins obéissant. Pour montrer ce que je savais faire à mon tour, et supposant que le gobelet de Josh était vide lui aussi, j'ai sauté le plus haut que j'ai pu pour atterrir dessus, les deux pieds bien à plat.

C'est incroyable les dégâts que peut provoquer une explosion de chocolat chaud dans un rayon de trois mètres sur tous les costumes de Poudlard en présence. Or, la dernière chose que voudrait un réalisateur au planning serré serait de se retrouver avec une bande d'ados détrempés dont les costumes exigent un lavage en urgence. Le visage de Carreras s'est allongé d'un coup. Il a couru vers nous et nous a jeté un regard qui aurait fait trembler dans ses bottes même Severus Rogue. Un regard qui voulait dire : espèces de petits merdeux ! Carreras m'a fichu une frousse bleue à ce moment-là, j'ai réellement pensé que ma carrière de Drago allait s'achever avant même d'avoir vraiment commencé. Heureusement, j'ai détecté l'ombre d'un sourire tandis qu'il me grondait. J'allais m'en sortir, mais nous n'aurions plus jamais de chocolats chauds sur le plateau. J'aimerais pouvoir dire que d'avoir ainsi été le catalyseur de la colère de Chris Carreras nous a enseigné à nous tenir à carreau par la suite, mais ce ne serait pas tout à fait vrai, j'en ai peur...

* * *

Dès le premier instant, quand j'ai accepté un rôle dans *Harry Potter*, la règle était claire : toute activité dangereuse m'était interdite. Le ski ? Aucune chance. Les sports extrêmes ? Et puis quoi encore ! C'était comme quand j'avais tourné cette pub pour la carte de crédit. Les restrictions imposées étaient raisonnables. Personne ne veut dépenser des millions pour tourner un demi-film qu'il faudra entièrement reprendre parce que l'un des acteurs doit passer six mois à l'hôpital avec trois os cassés.

Même les petits bobos peuvent devenir un problème. C'est d'ailleurs arrivé. Lors du tournage du deuxième film, mon copain Richie, celui avec lequel je jouais quand ma mère m'a appelé pour m'annoncer que j'avais décroché le rôle de Drago, est venu passer une nuit à la maison. Nous avons dormi dans le salon, moi sur le canapé, Richie par terre. À cette époque, la famille Felton était l'heureuse propriétaire d'un téléphone sans fil. Richie et moi avions passé la nuit à faire des blagues téléphoniques toutes lumières éteintes pour que ma mère ne se rende pas compte que nous ne dormions pas.

« Lance-moi le téléphone », ai-je murmuré avec excitation.

C'est exactement ce qu'il a fait. Il l'a lancé. Fort. On pourrait penser qu'en tant que joueur de l'équipe de Quidditch des Serpentards, je suis doué de mes mains, mais mes talents d'attrapeur m'ont fait défaut ce jour-là. Le téléphone m'a méchamment percuté le front. Merde. Nous avons tâtonné jusqu'à l'interrupteur pour allumer la lumière. Richie m'a observé. « Alors ? ai-je demandé. *Alors* ? Tu vois quelque chose ?

— Oh... punaise », a-t-il soupiré.

Une bosse de la taille d'un vif d'or m'avait instantanément poussé sur le front. Pas génial, même en temps normal. Mais vraiment embêtant quand on a une grande scène à tourner le lendemain matin, dans la Grande Salle.

Ma mère a appelé le plateau le lendemain à la première heure. « Oui, Tom a eu un petit accident...

— OK, a répondu une personne de la production qui en avait déjà bien bavé. C'est grave ?

— Oh, ce n'est pas si visible que ça, a menti ma mère. Juste une petite bosse sur le front. »

Quand je suis entré dans la loge du maquillage ce matin-là, j'ai été accueilli par un silence choqué. Je paraissais tout droit sorti d'un *Tom et Jerry*. Une maquilleuse m'a installé dans le fauteuil et a fait de son mieux pour couvrir ma ridicule blessure, mais tous les plans de moi ce jour-là dans la Grande Salle ont dû être pris de l'autre profil, grâce à la mauvaise passe de Richie et à ma réception calamiteuse.

Les règles étaient strictes. Rien de dangereux.

Mais les règles sont faites pour être enfreintes, non ?

C'était assurément ma vision des choses dans les premiers jours de production de Potter. L'un des premiers lieux de tournage était le château Alnwick, dans le Northumberland, pour la leçon de balai volant avec Zoë Wanamaker dans le rôle de madame Bibine.

Cette unique scène a pris trois ou quatre jours au moins : bien assez de temps pour me créer des ennuis avec Alfie Enoch, qui jouait Dean Thomas. Alfie avait un an de plus que moi, un type drôle et malin. Il avait une chaperonne professionnelle plutôt qu'un parent, et comme moi un goût prononcé pour le skateboard. Ce qui était, évidemment, strictement interdit. Un jeune acteur imprudent pouvait se faire très mal avec un skateboard. J'étais malgré tout parvenu à en passer un en contrebande dans ma valise. J'ai vite identifié ce genre de colline parfaitement bitumée qu'on trouve parfois au milieu de nulle part, et j'ai persuadé Alfie que filer en douce pour la tester était une riche idée.

Ce n'en était pas une. La mention « catastrophe » était très clairement écrite dessus. Mais on s'en fichait. On a grimpé sur la colline pour la tester. Dans un éclair de lucidité, on ne s'est pas mis debout sur le skate mais plutôt couché comme sur un bobsleigh. Cela ne nous a pas aidés quand la chaperonne d'Alfie nous a retrouvés filant à toute allure vers le bas de la colline sans aucun égard ni pour notre sécurité ni pour le tournage en cas de chute. Elle était hors d'elle. On est tombés en disgrâce en j'ai été rapidement étiqueté comme une mauvaise influence.

J'aimerais que tout cela soit faux. Malheureusement, c'était vrai. Presque tout de suite après le début du tournage, la vie est devenue le miroir de l'œuvre et je me suis retrouvé à former une petite clique avec Jamie et Josh, autrement dit Crabbe et Goyle. Josh et moi avions déjà une réputation d'agités dans l'équipe, depuis l'épisode du chocolat chaud de King's Cross, mais nous avons bien vite gravité autour d'autres idées explosives.

Nous filmions dans et autour de Newcastle et nous logions au même hôtel. C'était chouette car ça nous permettait de traîner ensemble après le tournage. Nous étions très excités quand Josh a révélé avoir avec lui une réplique de pistolet qui tirait à blanc. Ma mère ne m'aurait jamais autorisé à approcher un tel objet, et elle avait bien raison. Il ressemblait comme deux gouttes d'eau à un vrai pistolet. Il ne tirait pas de balles, mais il aurait tout de même mieux valu qu'il ne tombe pas aux mains d'un trio d'ados farceurs. Ce qui faisait partie de son attrait, bien sûr.

Nous voulions vraiment l'essayer, sans trop savoir où. Ça ne pouvait pas être dans l'hôtel, et certainement pas près du plateau, ç'aurait été stupide et, même nous, ça, nous le savions. Finalement, nous avons attendu une heure tardive pour nous glisser dans le sous-sol d'un parking de plusieurs étages. Il n'y avait personne à ce niveau et, dans notre logique inversée, cela voulait dire que nous pouvions y tirer sans risque, sans effrayer personne et, surtout, sans nous faire prendre.

Nous n'avons pas du tout pensé à l'aspect acoustique des choses.

Si vous vous êtes déjà trouvé dans l'un de ces parkings, vous avez remarqué l'écho. Imaginez donc le bruit qu'allait produire le pistolet, tout à blanc qu'il fût. Josh l'a armé. Nous nous sommes préparés. Il a pressé la gâchette. Le bruit nous a percé les tympans. L'écho s'est répandu dans tout le parking. Nous voulions être discrets et nous avons choisi le pire endroit de Newcastle pour ça. Nous nous sommes regardés, tous terrifiés, tandis que le vacarme refusait de cesser. Il se répercutait et se prolongeait comme une beuglante dans la Grande Salle.

Nous avons couru.

Je crois n'avoir jamais couru aussi vite. Transpirants, essoufflés, en panique, nous avons jailli hors du parking. Nous sommes retournés à l'hôtel pour nous enfermer dans nos chambres. J'étais terrifié à l'idée que quelqu'un nous ait vus, que nous serions dénoncés, traînés devant la police ou, pire, devant David Heyman, le producteur. Que se passerait-il alors ? On nous renverrait chez nous, certainement. Ce serait la fin. Même Chris Columbus ferait la grève du sens de l'humour à l'écoute de nos exploits stupides.

Une angoisse glacée coulant dans mes veines, j'ai attendu qu'on frappe à la porte ou que retentisse le coup de sifflet de Chris Carreras. Mais rien n'est venu. Nous l'avions échappé belle. Nous n'avons plus jamais égalé la stupidité de cet acte, tirer au pistolet à blanc dans un parking public, mais une relation se crée mécaniquement entre ceux qui commettent une bêtise quand ils s'en sortent indemnes. Drago, Crabbe et Goyle formaient un trio trouble-fête aussi bien à la vie qu'à l'écran. Certains pourraient même dire que le trio Serpentard était encore pire en vrai, au moins au début. Je me refuse à tout commentaire.

11

Un jour sur le plateau

ou

Le sandwich à la saucisse de Severus

Peut-être imaginez-vous un jour de tournage sur le plateau de *Harry Potter* comme une journée de magie et de glamour, digne d'une star de Hollywood.

Permettez-moi de briser vos illusions.

Ne me faites pas dire ce que je n'ai pas dit : tourner dans un film est certainement plus marrant que d'aller à l'école. Cependant, la réalité est bien différente de l'idée qu'on s'en fait.

Une journée en studio typique commençait par un tambourinage sur ma porte à six heures du matin. C'était Jimmy (que nous appelions gentiment Crack Bean), mon chauffeur pendant neuf ans, frais, dispos et paré à m'amener au boulot. Comme tout adolescent, j'étais, moi, l'opposé de frais et dispos au réveil à cette heure-là. Je m'extirpais du lit à contrecœur et je marchais comme un zombi jusqu'à la voiture, bien accroché à un oreiller. C'était une BMW série 7 vert sombre allongée, plus d'espace qu'il ne m'en fallait. Affalé dans le siège passager, je sombrais instantanément dans la voiturolepsie et dormais ainsi pendant l'heure et demie que durait le trajet entre ma maison et les studios, où Jimmy me déposait, devant l'éternelle porte 5.

La porte 5 menait aux loges, aux bureaux de la production et au coin des artistes. C'était l'endroit le plus miteux, le plus déglingué que j'avais jamais vu. De vieux escaliers branlants, un lino à damier collant sur le sol. Quand il ne pleuvait pas comme vache qui pisse, le gris Tupperware du ciel vous rappelait instantanément que vous étiez bien en Angleterre et pas à Hollywood. Les yeux encore collés, j'allais me chercher un petit déjeuner à la cantine. Des galettes de pomme de terre grillées et des flageolets, la recette parfaite pour caler un adolescent britannique affamé. Puis j'empruntais cet escalier branlant jusqu'aux bureaux de la production pour avoir mes « sides », des sortes de mini-scripts qui indiquaient l'ordre du jour et les répliques que je devais apprendre. J'étais le désespoir des seconds assistants réalisateurs, dont le travail consistait à produire et distribuer ces « sides », parce que je les perdais à chaque fois.

Prochain arrêt : ma loge. Le chemin passait par l'atelier des artistes. C'était un endroit extraordinaire, où des artistes d'un extrême talent s'asseyaient autour d'une table de proportion gringottsienne pour façonner dans l'argile des accessoires destinés au monde des magiciens ou construire à l'échelle des maquettes délicieusement détaillées des différents plateaux. Au bout de l'atelier se tenait le bureau de David Heyman. Y être appelé revenait à être convoqué dans le bureau du proviseur, toujours pour parler de choses importantes. Daniel, Emma et Rupert partageaient une loge au bout d'un couloir, près d'une table de ping-pong (la jeune Emma Watson était d'ailleurs une joueuse de ping-pong hors pair). Ma loge était dans un autre couloir. Une plaque apposée sur la porte indiquait « Drago Malefoy ». C'est la coutume d'écrire le nom du personnage plutôt que celui de l'acteur. (Pour le sixième film, Alan Rickman a modifié la plaque de sa loge en « le Prince de sang-mêlé ».) Si vous pensez que ma loge était un cocon confortable et extravagant, vous auriez été déçu une fois à l'intérieur. C'était un endroit minuscule, tout peint en blanc, meublé d'une penderie en métal et d'une chaise en plastique. Ma robe de Poudlard, ou tout autre costume prévu pour la journée, était accrochée à la penderie. Je devais m'en vêtir avant de me rendre au maquillage.

La coiffure et le maquillage étaient une opération de grande ampleur pour les films *Harry Potter*. Les artistes devaient travailler sur vingt ou trente acteurs par jour et je passais probablement une heure dans le fauteuil tous les matins, plus si on devait me refaire les racines, ce qui arrivait tous les neuf jours. De temps en temps, je passais par tout ce processus sans tourner ensuite de toute la journée. (Timothy Spall m'a dit un jour qu'il jouait gratuitement. On ne le payait que pour attendre.) Il fallait qu'on soit tout de même prêt et disponible au cas où notre présence était requise pour une scène, ce qui était rarement le cas. Ça pouvait être un peu frustrant, mais c'était encore pire pour Warwick Davis, par exemple, qui jouait le professeur Flitwick et Gripsec. Il fallait trois ou quatre heures pour le coiffer et le maquiller, et deux heures de plus pour tout enlever. Ça fait beaucoup de temps passé sur une chaise pour ne pas être appelé de la journée !

Me voilà en costume de Drago, ma robe flotte au vent et mes cheveux sont parfaitement décolorés. Il est donc l'heure d'aller à l'école. L'école en question, hélas, ce n'était pas Poudlard, mais une autre salle toute blanche le long d'un autre couloir où l'un de nos nombreux tuteurs nous attendait. C'était une exigence légale, il fallait que tous les enfants en âge d'être scolarisés assistent à un minimum de trois heures d'enseignement quotidien. Une exigence respectée à la milliseconde, littéralement : mesurée au chronomètre. Dès que nous prenions nos stylos en main, le chrono était lancé. Dès que nous les posions pour nous rendre sur le plateau, il s'arrêtait. Même un exercice de cinq minutes comptait dans nos trois heures, et ce découpage intensif du temps rendait tout le procédé assez peu efficace pour l'apprentissage.

Non pas qu'apprendre efficacement m'intéressait beaucoup. Je détestais les cours. Ce n'était pas la faute des tuteurs ; ma mère avait recommandé Janet, ma tutrice pendant le tournage d'*Anna et le Roi,* et Janet avait monté une équipe de tuteurs qui faisaient vraiment de leur mieux. Nous étions trois au plus, souvent avec Jamie et Josh puisqu'on tournait dans les mêmes scènes, mais mon attention était constamment ailleurs. Dès qu'on nous appelait pour le placement, je filais sans demander mon reste.

Il y avait huit studios à Leavesden, notés de A à H. Chacun était en gros un énorme entrepôt où ils construisaient les plateaux jusque dans le moindre détail. Dans l'un, ils ont apporté d'innombrables tonnes de terre et planté de vrais arbres pour reproduire la Forêt interdite. Un autre contenait l'aquarium, le plus grand du monde à l'époque. Comme je l'ai déjà dit, la Grande Salle était un chef-d'œuvre, installé dans le dernier studio, le plus loin de la porte 5. C'était une longue marche ou, quand on avait de la chance, un sympathique petit tour en voiturette de golf. (J'ai souvent essayé de m'y rendre en skateboard, j'ai même tenté de conduire moi-même la voiturette une fois ou deux. J'ai été fermement réprimandé à chaque fois.) Le voyage nous faisait longer des myriades de stands où des techniciens et autres membres de l'équipe s'affairaient à créer ce que le tournage nécessiterait ce jour-là. À mesure que les films s'enchaînaient, le chemin se jonchait de morceaux de scènes des précédents tournages. On passait à côté d'énormes pièces d'échec tirées d'*À l'école des sorciers*, de la Ford Anglia bleu ciel ou, plus incroyable encore, des gigantesques statues à tête de serpent qui encadraient la Chambre des Secrets. Elles étaient extrêmement bien faites, on les aurait crues lourdes et vivantes. Ce n'est qu'en se rapprochant qu'on s'apercevait qu'elles étaient en polystyrène et qu'elles ne pesaient presque rien. D'autres studios étaient remplis d'accessoires et d'objets que tous les fans de *Harry Potter* auraient rêvé d'explorer.

Le plus impressionnant des plateaux, qui n'est intervenu que dans les derniers films, était la Salle sur Demande, un cabinet de curiosités magiques plein à craquer. Il y avait des coffres, des instruments de musique, des globes, des flacons et d'étranges animaux empaillés. Il y avait des piles de chaises et de livres qui montaient jusqu'au plafond, si penchées qu'on s'attendait à les voir tomber d'une minute à l'autre (alors qu'elles étaient maintenues en place par des tiges en acier). C'était un endroit rempli de ces objets intrigants qu'on ne trouve d'habitude que dans les magasins d'antiquités, sauf que là, il y en avait des milliers. On aurait pu passer des années à arpenter ce plateau sans avoir tout vu. C'était très cool.

Le placement consiste à répéter une scène de sorte que, quand arrivera le tournage proprement dit, chacun sache quoi faire, quand le faire et, surtout, où se placer. C'est une étape importante pour le réalisateur et les acteurs parce que ça leur donne l'occasion de répéter leur texte, leurs mouvements et leurs expressions. De mon côté, mes instructions étaient la plupart du temps de rester dans un coin l'air effondré, ou de m'installer à ma place dans la Grande Salle et d'être naturel. Les acteurs adultes avaient plus de marge de manœuvre. C'était très instructif de voir des comédiens de leur calibre faire évoluer leurs scènes tout au long du tournage. Le texte était parole d'évangile, mais l'interprétation était libre et les scènes venaient à la vie petit à petit.

Le placement était essentiel aussi pour les caméramans, car il peut y avoir beaucoup de mouvement lors d'une scène et ils doivent déterminer tous les angles de prises de vues dont ils auront besoin. Nous avions le luxe de disposer d'une équipe de caméramans pléthorique et de beaucoup de temps devant nous, c'était donc un travail très minutieux. Imaginez une scène dans la Grande Salle. Il pourrait y avoir un plan de portes qui s'ouvrent, un plan sur le plafond, sur Harry, Ron et Hermione à la table des Gryffondors, de Hagrid et Dumbledore à la table des professeurs. Il pourrait y avoir une dispute entre Harry et Drago, et les génies derrière la caméra devront alors trouver le moyen de filmer par-dessus l'épaule de Harry pour cadrer la réponse de Drago. Ils plaçaient de petits repères au sol pour que chacun se rappelle son emplacement. Souvent les lignes de vue ne sont pas du tout ce à quoi on s'attendrait naturellement, si bien qu'ils scotchaient des adhésifs autour des lentilles de caméra pour nous indiquer où regarder.

Même une fois le placement fait, nous étions encore très loin de pouvoir filmer. Il fallait parfois une ou deux heures pour éclairer le plateau. Par ailleurs, non seulement nous autres enfants devions assister à des cours quotidiens d'une durée déterminée, mais il existait aussi une limite légale au temps que nous pouvions passer chaque jour sur le plateau ; et, oui, il y avait bien quelqu'un pour chronométrer ça aussi. Nous étions alors embarqués vers le fond pour suivre nos cours tandis que nos places sur le plateau étaient occupées par des doublures. Ces doublures n'étaient pas des sosies, mais elles étaient simplement de la même taille et de la même carnation. Elles mimaient nos mouvements une fois le plateau éclairé, pendant que nous nous traînions vers des sujets décidément moins excitants comme l'algèbre ou autre chose du même genre avec Janet et l'équipe des tuteurs. Une pression sur le chrono et nous étions ainsi de retour à l'école jusqu'à ce que tout soit prêt pour une prise.

Pour le déjeuner, nous nous rassemblions dans la cantine, un moment toujours très chouette. Il n'y avait aucune séparation des rôles. Un électricien faisait la queue devant une sorcière et derrière un gobelin, puis il y avait un caméraman, un charpentier et Hagrid. À mesure que les films avançaient, le planning s'étoffait, surtout pour Daniel, Emma et Rupert, si bien qu'on nous amenait parfois un plateau pour gagner du temps. Mais pas un jour ne passait sans qu'Alan Rickman, la robe de Rogue flottant derrière lui, ne soit vu tenant son plateau dans la queue de la cantine comme tout le monde. Il m'intimidait beaucoup, depuis le début. Il m'a fallu trois ou quatre ans pour parvenir à articuler plus qu'un « Salut, Alan ! » couinant et un peu terrifié à chaque fois que je le croisais. Mais de le voir ainsi, attendre patiemment en costume son sandwich à la saucisse, ça adoucissait un peu son image.

Parmi les grands classiques des jours de tournage, il y avait aussi les visiteurs en plateau. C'étaient généralement des enfants, souvent des visites organisées par des associations caritatives. Alan Rickman était de loin celui qui demandait le plus de ces visites, en faveur des causes qu'il soutenait. J'avais l'impression qu'il faisait venir un groupe par jour. Et s'il y avait bien quelqu'un qui comprenait ce qu'attendaient des enfants d'une visite sur le plateau de *Harry Potter*, c'était lui. Aucun ne cherchait particulièrement à rencontrer Daniel, Rupert ni Emma, ni moi d'ailleurs. C'étaient les personnages qu'ils voulaient voir. Ils voulaient chausser les lunettes de Harry, taper dans la main de Ron et prendre Hermione dans leurs bras. Comme Daniel, Rupert et Emma étaient très proches de leurs personnages, ils s'en sortaient toujours très bien. C'était différent pour nous, les Serpentards. J'ai peut-être eu le rôle de Drago grâce à certaines similarités entre nous, mais cette proximité n'allait pas jusqu'à me montrer déplaisant avec un groupe d'enfants nerveux et surexcités. Je les accueillais tout sourire, j'étais aussi chaleureux que possible. « Salut, les gars ! Vous vous amusez bien ? Quel est le plateau que vous avez préféré ? » Je me trompais complètement. Sans exception, ils me regardaient alors d'un air abasourdi et confus. Un Drago sympathique était pour eux un anathème, au même titre que si Ron s'était comporté en parfait connard. Ils ne savaient pas comment réagir à ça. Alan le comprenait. Il savait bien que même s'ils étaient contents de rencontrer Alan Rickman, ce qu'ils voulaient vraiment, c'était croiser Severus Rogue. Dès qu'on le présentait à ces visiteurs, il se changeait en Rogue. Il envoyait une pichenette dans l'oreille de l'un et ordonnait lentement, fermement à l'autre de rentrer sa chemise dans son pantalon. Les enfants, joyeusement terrifiés, écarquillaient les yeux. C'était adorable.

J'ai appris, avec les années, que certains ont du mal à séparer la réalité de la fiction, les fantasmes des faits. C'est parfois usant. J'aimerais avoir eu l'aplomb d'Alan pour rester dans mon personnage lors de quelques-unes de ces visites dans les studios Leavesden. Il a illuminé de nombreuses journées comme ça.

12

Les fans

ou

Comment (ne pas) être un gros méchant

Cinéma l'Odeon, sur Leicester Square.

J'avais déjà participé à une première ici, celle où Ash et Jink se sont couverts de gloire. Je veux dire : de vomi. La première de *Harry Potter* n'était donc pas tout à fait un événement inédit pour moi. Ma famille et moi sommes arrivés dans deux taxis noirs. J'en suis sorti vêtu d'un costume et d'une cravate, la chemise sortie, le dernier bouton défait (au grand déplaisir de mon grand-père). Malgré l'excitation de la foule, je me suis autorisé à profiter des fans, des caméras et du désordre ambiant. Après la séance, alors que nous sortions, un enfant est venu me voir. Ce devait être le fils d'une des grosses légumes de la production. Il ne devait pas avoir plus de cinq ans et ses yeux brûlaient de colère.

EXT. NUIT. CINÉMA L'ODEON, LEICESTER SQUARE

L'ENFANT

Hey ! C'est toi Drago ?

TOM

Euh, oui.

L'ENFANT

(en colère)

T'as été vraiment nul !

TOM

(perplexe)

Quoi ?

L'ENFANT

J'ai dit que t'as été vraiment nul !

TOM

Attends… de quoi tu parles ?

L'ENFANT

Va te faire voir !

L'enfant tourne le dos à Tom dans un mouvement d'indignation satisfaite et disparaît au milieu de la foule. Tom se gratte la tête et se demande ce qui a bien pu se passer.

Je ne comprenais pas. Pourquoi m'avait-il insulté ? Qu'est-ce que j'avais fait de mal ? Est-ce qu'il critiquait mon jeu d'acteur ? Ce n'est qu'en me tournant vers mon grand-père pour découvrir son grand sourire que j'ai compris que c'était une bonne chose. Il m'a expliqué que ce garçon était *censé* me haïr. Si un enfant de cinq ans réagissait si viscéralement à ma performance, c'est que j'avais réussi certaines choses. J'ai eu le déclic et j'ai pris conscience que plus je passais pour un méchant, plus les enfants me détestaient et plus c'était marrant.

Ce que je ne comprenais pas encore, en revanche, c'est que certains fans avaient de grosses difficultés à faire la part des choses, entre Tom l'acteur et Drago le personnage. C'est compréhensible chez un enfant de cinq ans, un peu plus difficile à expliquer chez quelqu'un de plus âgé. Lors d'une première aux États-Unis, une femme m'a approché. Elle me fusillait du regard.

EXT. NUIT. TIMES SQUARE, NEW YORK

FEMME GLACIALE

Pourquoi es-tu si méchant avec Harry ?

TOM

(un peu pris de court)

Pardon ?

FEMME GLACIALE

Tu pourrais arrêter de te comporter comme un *trou du cul* avec lui ?

Tom regarde à droite et à gauche, cherchant très clairement une échappatoire rapide. Il n'y en a pas. Il est pris au piège.

TOM

C'est une blague, c'est ça ?

Mauvaise réponse. Le regard glacial devient plus glacial encore. Les yeux se plissent. Les lèvres s'amincissent.

FEMME GLACIALE

Je ne blague pas du tout. Pourquoi es-tu si vilain avec un pauvre garçon qui a perdu ses parents !

Tom ouvre la bouche. Puis la referme. Quand il la rouvre, il choisit ses mots avec précision.

TOM

OK… Bonne remarque. Je ferai de mon mieux pour me montrer plus gentil à l'avenir.

C'est ce que la femme voulait entendre. Les sourcils froncés, elle hoche la tête avec satisfaction, tourne le dos à Tom et s'éloigne pesamment.

En un sens, la tendance de certains à confondre le personnage et l'acteur est un compliment. Je ne veux en aucune façon surestimer ma contribution au monde de *Harry Potter* et à l'effet qu'il a eu dans la vie des gens, si je n'étais pas allé à cette audition, un autre aurait obtenu le rôle, il s'en serait bien sorti et tout le projet aurait été plus ou moins le même. Je ressens toutefois une forme de satisfaction à l'idée que ma performance a cristallisé le personnage de Drago dans les têtes, quand bien même cela impliquerait qu'ils prennent parfois le fantasme pour la réalité.

J'ai appris qu'il était important de ne pas gâcher la magie. Avec les années, j'ai été invité à de très nombreux salons et conventions, où les fans se rassemblent pour célébrer leur passion pour toutes sortes de films, de livres ou autres phénomènes de culture pop. Une des premières fois, quand j'avais seize ans, j'étais assis en face d'un public de plusieurs milliers de personnes et je répondais à des questions sur *Harry Potter*. Il y avait une queue au milieu de l'auditorium où venaient se placer ceux qui comptaient intervenir. Le tour d'une petite fille est venu, elle était habillée comme Hermione des pieds à la tête. Sa mère lui a tendu le micro car elle était trop petite pour l'atteindre. Les yeux écarquillés, elle a demandé : « Qu'est-ce que ça fait de voler sur un balai ? »

Je lui ai tout de suite dit la vérité. « C'est très inconfortable. En gros, ils nous attachent sur une selle de vélo posée sur une tige en métal, et à cause de ça je n'aurais probablement jamais d'enfants. » Ma réponse a déclenché quelques rires, mais j'ai vu la magie quitter les yeux de la petite fille et j'ai tout de suite su que j'avais dit exactement ce qu'il ne fallait pas. Le jour suivant, la même question est sortie de la bouche d'une autre petite Hermione. « Qu'est-ce que ça fait de voler sur un balai ? »

J'avais appris la leçon. Je me suis penché vers elle avec un air de conspirateur et j'ai dit : « Est-ce que tu as onze ans ?

— Non.

— Tu n'as donc pas encore reçu la lettre ?

— Non.

— Attends donc un peu, ai-je conclu. Tu verras bien. »

Le visage de la petite fille s'est illuminé. Dans le public, on pouvait sentir que l'excitation était montée d'un cran.

Aujourd'hui, quand quelqu'un me pose cette question (croyez-moi, ça arrive encore), c'est la réponse que je donne.

Après la sortie du premier film, j'ai commencé à recevoir du courrier de fans, *via* le studio. De nos jours, les fans interagissent par les réseaux sociaux, mais à l'époque, il y avait encore des lettres. J'en ai reçu des tonnes, presque instantanément. Ce n'était rien comparé à Daniel, Emma et Rupert, bien sûr. Je crois me souvenir qu'ils avaient une équipe chez Warner Brothers rien que pour gérer leur courrier. Mais j'en recevais quand même pas mal. Ma mère les ouvrait d'abord, pour s'assurer qu'elles ne contenaient rien d'offensant ni d'obscène, puis je les lisais toutes. Ne vous faites pas d'idée, en tant que benjamin de quatre frères, il n'y avait aucune chance pour que ces lettres de fans me montent à la tête. (Chris : « Mais qui peut bien vouloir lui écrire ? ») Personne à la maison n'a laissé entendre que c'était incroyable ou même inhabituel de recevoir ainsi des sacs entiers de courrier. Je leur en suis reconnaissant, parce que lire des centaines de lettres admiratives pourrait transformer un certain genre de personne dans un certain genre d'environnement en un certain genre d'abruti. J'ai quand même passé beaucoup de temps à les lire, du moins au début. Je pensais que, comme on avait pris le temps de m'écrire, ce ne serait pas correct de les ignorer. J'ai répondu à autant de lettres que j'ai pu. Finalement, c'est devenu trop. Le volume de courrier était tout simplement trop important. Ma mère a réfléchi à la possibilité d'engager quelqu'un pour répondre, mais le compte n'y était pas. Ma capacité à répondre à mon courrier s'est donc émoussée à mesure que la célébrité de Drago augmentait.

La plupart des lettres étaient gentilles. D'autres étaient culturellement très loin de moi. Les fans japonais, par exemple, m'envoyaient de temps en temps des cuillers en argent, gage de bonne chance. Si un jour vous avez besoin d'une cuiller, j'en ai plein. Bonbons et chocolats arrivaient de tous les pays du globe, mais ma mère ne m'en laissait manger aucun, au cas où ils auraient été empoisonnés. Une lettre en particulier m'est restée en mémoire. Un type aux États-Unis avait changé son nom légal en Lucius Malefoy, et le nom de sa maison en Manoir Malefoy. Il voulait que je change mon nom en Drago Malefoy et que je vienne vivre avec lui. Ma mère a poliment décliné la proposition pour mon compte. (Chris : « Non, vas-y, laisse-le y aller ! ») Ça paraissait drôle à l'époque. Nous en avons ri à la maison. Ce n'est qu'avec le recul que je m'aperçois que c'était aussi *un peu* glauque.

Ce n'était qu'un parmi de nombreux événements bizarres. Une famille espagnole, deux parents et deux enfants, s'est pointée à mon école de Moldus un jour. Ils sont tout simplement entrés et ont demandé à me voir. Ils ont bien sûr été promptement refoulés, et on m'a prévenu de m'en méfier en sortant. Qui sait ce que cette famille avait en tête ? En tout cas, j'ai pédalé un peu plus vite que d'habitude ce jour-là pour rentrer chez moi.

Il fallait que je rende normale cette manière anormale de grandir, sans quoi elle m'aurait rendu fou. Je n'ai pas eu beaucoup de mal, en un sens. Mon flegme britannique naturel entraîne, aujourd'hui encore, une certaine retenue quand quelqu'un m'approche pour savoir si je suis bien Tom Felton. Je ne peux m'empêcher de me demander ce que ça veut dire. Comment est-ce arrivé ? Bien sûr, j'ai toujours eu mes trois frères pour me rappeler que j'étais un asticot. En plus, je savais ce que c'est d'être un fan. Il y avait des gens que j'admirais, et je voyais ça aussi chez des proches. Une fois, j'ai joué dans un sketch pour un *Comic Relief*[6] avec Rupert. Il y avait beaucoup de célébrités (James Corden, Keira Knightley, Rio Ferdinand et George Michael, pour ne citer qu'eux), mais la vraie star du spectacle, c'était Sir Paul McCartney. Ma mère est une énorme fan, j'ai donc demandé à Sir Paul si je pouvais la lui présenter. Il a gentiment accepté, je suis allé voir ma mère et je lui ai dit : « C'est maintenant ou jamais ! » Je l'ai amenée avec moi, mais au dernier moment elle s'est figée sur place et n'a pas pu sauter le pas. Sir Paul a demandé où elle était passée, et j'ai dû lui annoncer la triste nouvelle tout en douceur. « Désolé, camarade, il va falloir que tu attendes une autre occasion pour la rencontrer. »

Avec les années, la popularité des films a augmenté et les fans sont devenus plus durs, d'une certaine façon. Je ne veux pas dire qu'il n'y a rien de plaisant à être reconnu, à se rendre compte qu'une rencontre au hasard avec un inconnu peut être un très grand événement

6. Spectacle télévisé caritatif annuel, équivalent du Téléthon ou des Enfoirés en France (NdT).

pour celui-ci. Mais cela peut devenir très gênant en parts égales, surtout quand on se trouve avec d'autres personnes qui n'appartiennent pas à ce monde-là. Un jour, à l'aéroport d'Heathrow, je devais avoir dans les seize ans et je m'apprêtais à partir pour les États-Unis avec ma copine de l'époque. Nous attendions notre vol et nous sommes entrés dans une boutique pour nous acheter un casse-croûte. Une minute plus tard, j'ai senti le picotement habituel de celui qui se sent observé. Je me suis retourné pour découvrir un groupe de dix-neuf écolières étrangères (nous les avons comptées) qui me dévisageaient. Toutes avaient leurs deux mains sur la bouche, elles étaient incroyablement hilares. Je me suis immédiatement senti très embarrassé. J'ai évité tous les regards en m'emparant d'un magazine de tricot à portée de main. Il était évident qu'elles m'avaient reconnu et plus évident encore que je ne comptais pas vraiment me lancer dans les motifs au crochet, mais c'est, dans mon souvenir, la première fois que des fans bien intentionnées m'ont mis mal à l'aise. Se trouver encerclé par une foule qui veut toucher vos vêtements n'est pas seulement déconcertant. Il y avait des milliers de gens dans cet aéroport. La réaction en chaîne : une personne vous reconnaît, puis deux, puis quatre, peut très vite devenir hors de contrôle. Heureusement pour ces écolières, ma mère n'était pas là. Elle se braque très vite quand on m'encercle. J'ai pris une photo avec elles, les fans se sont dispersées et je suis resté dans ce curieux mélange d'embarras, de soulagement et de gratification. Je commençais à comprendre que la célébrité est une drogue étrange.

D'autres fans ont été, et sont toujours, terriblement insistants. Ils deviennent une partie de notre vie d'une drôle de manière. On développe avec eux une espèce de relation. Cela vaut le coup d'essayer de comprendre pourquoi moi et les autres acteurs des films les attirons tant. Une dame britannique apparaissait (et apparaît toujours) comme par magie où que je me trouve. Je l'ai remarquée la première fois quand elle m'a demandé un autographe lors d'une tournée pour la presse à Paris. Après ce jour-là, elle a été partout. Je disais oui pour une apparition une demi-heure avant l'heure dite, et elle se débrouillait pour y être quand même. Comment savait-elle que j'y serais ? Aucune idée. Au début, j'ai trouvé ça plutôt malsain et ma mère devenait terriblement protectrice dès qu'il y avait la moindre chance que je croise cette dame. Un jour, elle a attendu quatre heures à la porte d'une salle pour me donner une carte de condoléances après la mort de mon chien Timber. C'était gentil et attentionné, cela m'a amené à reconsidérer mon opinion. J'ai fini par lui rendre visite chez elle. J'y ai appris qu'elle n'avait jamais eu d'enfant et qu'elle avait un peu adopté les enfants Potter dans sa tête. Comme j'étais le seul avec lequel elle avait eu le moindre contact, elle s'est accrochée à moi. C'était une situation bizarre, qui souligne l'importance de ces histoires et de ces films sur la vie des gens.

En tant qu'acteur de Drago Malefoy, je me vois comme un bibelot souvenir dans la mémoire des gens. Me voir les transporte en un autre temps et un autre lieu, de la même manière qu'écouter une chanson évoque un souvenir. J'ai rencontré des fans qui m'ont raconté que les livres et les films les avaient aidés en des temps difficiles. Cela invite à l'humilité. Jo Rowling a dit un jour que ce qu'il y avait de plus gratifiant a été d'apprendre que son œuvre a aidé des gens dans leurs épreuves, et je suis d'accord. Bien sûr, de temps en temps, me voir provoque de drôles de réactions, mais j'essaye de me rappeler que c'est dû à la place importante que ces histoires et ces films occupent dans les cœurs, et d'agir en conséquence. Ce n'est pas parce que Drago se comporte comme un gros con que je dois faire pareil.

* * *

Ça peut quand même être dur. J'ai vingt-cinq ans, je surfe pour la première fois avec des amis à Topanga Beach en Californie. Mes potes experts m'expliquent comment m'y prendre : quelles vagues surveiller, comment se mettre debout sur la planche, tous les trucs techniques. Je n'écoute pas vraiment. Je réfléchis. *Je vais simplement attendre jusqu'à sentir la planche bouger, puis je vais me lever et tenter le coup.* La première vague arrive. Elle est de taille raisonnable. Je me mets debout sur la planche, je maintiens mon équilibre et glisse droit dedans. C'est facile, cette affaire !

Ou pas. Les cinq vagues suivantes, je me fais bouler dans tous les sens. J'avale une bonne pinte d'eau de mer, j'apprends qu'être bringuebalé sous l'eau au point de ne plus savoir où est le haut et où est le bas, c'est plutôt troublant, voire effrayant. Secoué, je me traîne hors de l'eau jusque sur le sable, je crache l'eau avalée, et je fais un signe à mes amis inquiets. Donnez-moi une minute !

C'est là que je les vois. Deux jeunes femmes, à une vingtaine de mètres, appareil photo à la main, qui me pointent du doigt et font des messes basses. *Pas maintenant*, me dis-je. *S'il vous plaît, pas maintenant !* Mais les voilà qui s'approchent, un peu timidement. Je sais qu'elles vont me parler. Je sais ce qu'elles veulent et mon sens de l'humour est en carafe. Je me lève et j'agite les bras. Je crie : « OK ! Allons-y ! Qui veut être sur la photo ? »

Les deux jeunes femmes se regardent. Un regard étrange. Mais l'une d'elles amène bien l'appareil à son œil. « Allons-y, dis-je, j'ai l'habitude ! »

Elles échangent encore un regard avant de se tourner vers moi. Puis, dans un anglais hésitant où perce l'accent italien, l'une dit : « Avec la planche ?

— Bien sûr ! Pourquoi pas ? Vous pouvez me prendre en photo avec mon surf ! »

Elles hochent la tête et me tendent timidement l'appareil. Ce n'est que là que j'ai compris qu'elles n'avaient pas la moindre idée de qui j'étais. Elles voulaient simplement une photo souvenir de leur voyage en Californie, avec une planche de surf.

Mes chevilles ont un peu enflé ce jour-là, c'est sûr. J'ai aussi appris deux leçons importantes. La première : supposer, c'est vachement risqué. La deuxième : le surf aussi.

13

Comment voler sur un balai

ou

Les guêpes et la mauviette

Qu'est-ce que ça fait de voler sur un balai ? Si vous m'avez lu jusque-là, vous savez que c'est une question piège. Vous savez que j'ai vite appris à ne pas détruire la magie dans les yeux des enfants lors des conventions. Si vous préférez garder des matchs de Quidditch entre Harry et Drago l'image de batailles enchantées, tel qu'on le voit à l'écran, je vous suggère de passer au chapitre suivant.

L'un des premiers endroits du tournage était le château d'Alnwick, là où j'ai réussi à me mettre en compagnie d'Alfie Enoch dans une situation délicate impliquant un slalom en skateboard. C'était aussi là que nous avons fait les premières prises de balai volant. Zoë Wanamaker était madame Bibine et les « première année » de Poudlard recevaient leurs premières leçons de vol.

Il n'y avait pas que madame Bibine et les « première année » sur le plateau. C'était une chaude journée d'été et, attirés par l'odeur des épaisses couches de maquillage et de gel capillaire, des essaims de guêpes nous tenaient compagnie. Plus exactement, elles *me* tenaient compagnie. La coiffure de Drago exigeait qu'on m'applique tous les jours un plein tube de gel sur la tête. Mes mèches blondes étaient si dures qu'on aurait dit un casque en Kevlar. Du point de vue des guêpes, ce gel valait bien un pot de confiture de fraises. Elles adoraient ça. Et, pour ne rien vous cacher, moi, quand il s'agit de guêpes, je suis une vraie mauviette. Pendant la scène, Drago était bien sûr terriblement cool et nonchalant, mais dès que la caméra s'éteignait, je frétillais dans tous les sens comme un poisson hors de l'eau, fuyant les guêpes, couinant et battant des mains pour les faire fuir. (Il n'est pas impossible, par ailleurs, que plus les gens autour riaient de mon ridicule, plus j'exagérais ma détresse apparente.)

Madame Bibine est venue à mon secours. Ses cheveux en pics nécessitaient la même quantité de gel, si bien que Zoë Wanamaker avait le même problème. Elle m'a donné une stratégie de survie : « Répète les mots "arbre vert" », m'a-t-elle dit.

Hein ?

Elle m'a expliqué que les guêpes ne me feraient aucun mal, que j'avais seulement besoin d'un moyen de me calmer en leur présence. Répéter « arbre vert » comme un mantra était un moyen d'y parvenir. Quand vous regardez Drago dans cette scène, sachez donc que je répétais silencieusement ces mots dans un coin de ma tête, faisant de mon mieux pour ne pas hurler de terreur tandis que des guêpes tournoyaient autour de mes cheveux durs comme du béton.

Une fois cette situation sous contrôle, les élèves se sont alignés en deux rangs opposés, leur balai au sol. Selon la consigne de madame Bibine, ils devaient dire « Debout ! » et, avec différents degrés de succès, le balai leur sautait dans la main. L'approche générale, pour les tours de magie, était de toujours privilégier les astuces visuelles aux effets spéciaux, surtout au début, quand les équipes d'imagerie numérique avaient moins d'outils technologiques à leur disposition. Ainsi, ce qu'on ne voit pas quand la caméra passe entre les deux rangées d'élèves, ce sont les types allongés dans l'herbe derrière chaque balai, munis d'un mécanisme semblable à un levier qui permettait de soulever le balai du sol et même de le faire flotter un peu.

Voler dessus requérait un peu plus d'astuce. Ce n'était pas avec des types et des leviers qu'on y arriverait. Les scènes de vol ont toutes été réalisées en studio. Imaginez une énorme salle couverte de tissu bleu, ou vert dans les dernières années. Le balai était représenté par un tube de métal sur lequel une selle inconfortable avait été installée. Il y avait aussi des étriers pour les pieds et un harnais pour ne pas tomber. On vous attachait au balai et un mécanisme un peu semblable au précédent permettait de le faire bouger de haut en bas et de droite à gauche. Un ventilateur nous soufflait de l'air au visage pour donner l'impression du vent dans les cheveux. Comme le fond serait ajouté ensuite numériquement, comme tous les habiles mouvements de balai, il était essentiel que nous regardions tous dans la même direction lors de la prise. Afin de s'assurer que les lignes de vue soient les bonnes, un type tenait une balle de tennis au bout d'une perche, avec un petit scotch orange collé dessus. Quand le premier assistant réalisateur criait « Dragon ! » ou « Cognard ! », il fallait regarder la balle de tennis comme si c'était, eh bien, un dragon ou un cognard. Il y avait parfois plus d'une balle, et comme toutes se ressemblaient pas mal, ils ont fini par nous donner des objets plus faciles à distinguer. Nous avons choisi des images chères à nos cœurs. Daniel Radcliffe a opté pour une photo de Cameron Diaz particulièrement jolie. J'ai choisi une carpe bien plus belle encore. Il n'y avait même pas compet'.

Tourner un match de Quidditch ou toute autre scène de balai volant était long, pénible et engourdissant pour les fesses. Les génies derrière la caméra devaient atteindre un degré incroyable de précision. Ils filmaient d'abord le fond pour avoir un cadre de référence, puis les acteurs sur les balais, afin de pouvoir les y surimposer. Les mouvements de caméra devaient être exactement les mêmes dans les deux cas et il y avait toujours beaucoup de monde pour les manier, ainsi que les ordinateurs nécessaires pour y parvenir. Je ne sais pas exactement ce qu'ils faisaient, moi j'étais juste ce type assis sur un tube en métal avec un ventilateur qui me soufflait au visage en train de regarder la photo d'une carpe magnifique. Ce que je sais, c'est que ça prenait un temps fou pour tourner même un tout petit bout de film. On avait invariablement très mal aux fesses à la fin de ces journées-là.

* * *

Nous étions des enfants et nous voulions donc autant que possible faire nos propres cascades. Je gardais toujours un souvenir ému de celles que j'avais faites pour *The Borrowers* et, contre toute attente, mon petit désagrément avec la poutre de gymnastique n'avait pas encore tempéré mon enthousiasme pour de telles activités. Nous en avons réalisé bien plus que ce qu'on nous laisserait faire aujourd'hui, je crois bien. Dans *La Chambre des secrets,* quand Harry et Drago font un duel de magie debout sur la table de la Grande Salle, il fallait des prises où les deux personnages s'envoyaient des sorts à la figure. L'un d'eux devait me faire décoller du sol et me faire tournoyer dans les airs. Tout ça a été réalisé sans effets numériques. Je portais un harnais complet avec un câble dans le dos, qu'ils m'ont enroulé plusieurs fois tout autour du corps. Il n'y avait plus qu'à tirer un bon coup sur le câble et Drago voltigeait dans tous les sens. À l'époque j'avais trouvé ça très cool. Il y avait quelque chose comme une centaine d'artistes sur le plateau en arrière-plan, et moi j'étais debout sur la table à faire ma cascade héroïque. Peu importe que cela ait été plutôt douloureux, ou que ça m'ait laissé de vilains bleus là où le câble frottait. C'était un chouette moment pour un acteur adolescent un peu fiérot. Les cascades, c'est cool, pas vrai ?

Eh bien, oui et non.

La majorité des cascades étaient réalisées non pas par nous mais par l'équipe de cascadeurs. J'ai le plus grand respect pour ces hommes et ces femmes qui repoussent constamment leurs propres limites au nom du cinéma et du simple plaisir des spectateurs. À chaque fois que vous voyez quelqu'un tomber d'un balai, ou sauter, ou être bousculé, vous pouvez être à peu près sûr que c'est un membre de l'équipe de cascadeurs plutôt que l'un de nous. On pourrait croire que j'ai joué le grand garçon lors de la scène du duel, mais en réalité c'est un cascadeur qui a fait le plus gros, et de loin. Les cascadeurs passaient beaucoup de temps, surtout durant le tournage de *La Chambre des secrets*, avec un agrès qu'ils appelaient la « balançoire russe ». Imaginez une balançoire standard, en plus grand, avec des barres en métal à la place des cordes. Le cascadeur se tient debout sur la balançoire et la balance d'avant en arrière jusqu'à dessiner le plus grand arc possible. Là, au sommet de l'arc, il saute le plus haut possible et vient s'écraser sur un matelas. Ça avait l'air marrant mais c'était indéniablement une affaire de professionnels. Et le professionnel que nous fréquentions le plus, c'était l'incroyable David Holmes, qu'on appelait Holmesey[7].

Holmesey était la doublure cascade de Daniel depuis le début et la mienne à partir du deuxième film. Étant donné les aventures de Harry et Drago, cela signifie qu'il avait beaucoup de boulot. Il faisait souvent le matin des cascades déguisé en Harry avant de revenir l'après-midi pour des cascades déguisé en Drago. C'était un gymnaste de niveau olympique dès son plus jeune âge. Dans tous les plans où vous croyez voir Daniel ou moi faire un truc vaguement dangereux, soyez à peu près certain que c'est en fait Holmesey. Lors du tournage des *Reliques de la mort*, nous avons eu l'occasion d'apprendre que l'art de la cascade ne doit pas être pris à la légère.

7. Prononcer « Holmzy » (NdT).

Les cascadeurs font tout pour minimiser les risques, mais ils ne peuvent pas les éliminer complètement. Il n'existe aucun moyen parfaitement sûr de tomber d'une hauteur ou d'être renversé par une voiture, et il est impossible de prévoir l'imprévisible. C'est exactement ce qu'il s'est passé sur le tournage des *Reliques de la mort*. Holmesey et le reste de l'équipe répétaient une cascade durant laquelle il s'envolait dans les airs et venait percuter un mur. Il était suspendu à un câble solide grâce à un harnais. Ça a mal tourné. Le câble l'a tiré vers l'arrière et Holmesey a percuté le mur bien plus vite que prévu avant de s'écraser dans le matelas posé au sol. Les infirmiers l'ont rapidement amené à l'hôpital, où il a appris qu'il était paralysé en dessous de la taille, avec une mobilité des bras très limitée, et que ce serait ainsi pour le restant de ses jours.

Naturellement, toute l'équipe du film était sous le choc. Imaginez, un jour vous pouvez réaliser un salto arrière sur commande et sans élan, le lendemain vous voilà dans un lit d'hôpital où on vous apprend que vous ne remarcherez jamais. C'est évidemment un risque que prennent consciemment tous les cascadeurs chaque jour au travail, il n'empêche que, quand cela arrive, ce doit être absolument terrible. Un homme moins solide que Holmesey pourrait s'en trouver complètement détraqué. Même si aujourd'hui la vie est devenue très dure pour lui, c'est la personne la plus courageuse, la plus volontaire que j'aie jamais connue. Il a un cœur de lion et il demeure l'un de mes amis les plus proches et les plus chers. Quand il était à l'hôpital, le studio lui apportait de la nourriture, à la grande jalousie des autres patients de son service. Holmesey a donc insisté pour que le studio apporte à manger à tout le monde. Si tout le monde n'en avait pas, il n'en voudrait pas. C'était du Holmesey tout craché. Malgré ses difficultés, il continue à nous apporter beaucoup de bonheur. Sa détermination à mener sa vie aussi normalement et activement que possible est un véritable modèle. Il lève des fonds en permanence pour l'hôpital qui lui a sauvé la vie, il a monté sa propre boîte de production. Il me rappelle sans cesse combien les cascadeurs méritent plus de reconnaissance que ce qu'ils reçoivent aujourd'hui. Les acteurs sont adulés et, pourtant, ce sont souvent les cascadeurs qui leur permettent de paraître aussi bons. Parmi eux, Holmesey était le meilleur. C'est un rayon de lumière.

En l'honneur de Holmesey, nous organisons tous les ans un match de cricket, Serpentard contre Gryffondor, afin de lever des fonds pour le Royal National Orthopaedic Hospital, où il a reçu ses premiers soins après l'accident. Radcliffe et moi sommes les capitaines et les vieilles rancœurs de Poudlard sont plus vives que jamais. Inutile de vous dire quelle maison est en tête, si ?

14

Le meilleur des deux mondes

ou

Le branleur au balai

C'était pas cool d'être Drago.

Dès que Daniel, Rupert et Emma ont été engagés, leur vie a changé. Ils ont arrêté l'école et, de là, leur vie, c'était *Harry Potter*. Ils vivaient dans une bulle, pour le meilleur et pour le pire. Toute possibilité d'une enfance normale avait pratiquement disparu. Ce n'était pas le cas pour moi. J'étais là une semaine mais pas la suivante, eux étaient là tout le temps. En dehors de Potter, j'allais toujours à l'école, j'avais des amis normaux et j'essayais à toute force d'être un ado normal.

Vous connaissez peut-être des ados normaux. Vous êtes peut-être vous-même un ado normal. Si c'est le cas, vous savez qu'être classé à part n'est pas une bonne chose. C'est pour ça qu'avec mes cheveux décolorés et mes absences une semaine sur deux, ce n'était pas très cool d'être Drago. Pour beaucoup de ceux que je croisais dans les couloirs, j'étais le petit con de *Harry Potter*. Le branleur au balai.

Peut-être que ça m'a poussé à surcompenser. À me faire remarquer. Mon arrogance prépubère s'est changée en quelque chose de plus perturbateur. Rappelez-vous que j'étais passé d'une école sélecte où les résultats scolaires étaient l'alpha et l'oméga à une autre plus normale où votre cote de popularité dépendait surtout de votre capacité à vous procurer des clopes ou à exécuter des prouesses en BMX et en skateboard.

Je me suis mis à fumer et je vous ai déjà parlé de mes aventures chez le disquaire. Je n'étais pas le plus mauvais garçon de l'école, de très loin, mais je ressentais en effet ce besoin de contrebalancer mon autre vie par un peu de normalité. J'étais souvent en retard en classe et je séchais systématiquement l'EPS, je disparaissais à vélo pour acheter des bonbons. Souvent je m'en sortais sans mal. Mon emploi du temps était imprévisible, j'étais souvent en tournage, les professeurs supposaient donc que mes absences étaient légitimes. En classe, j'étais loin d'être l'élève modèle. Je ne crois pas avoir été *horrible,* mais je griffonnais dans mes livres, je bavardais avec mon voisin ou j'énervais les profs. Je cachais un lecteur MiniDisc dans ma poche, le câble des écouteurs courait dans ma manche jusqu'à mon poignet. Je pouvais comme ça m'asseoir en classe, faire reposer ma tête sur ma paume et écouter de la musique. C'était un coup de génie, trouvais-je. Mes profs n'étaient pas de cet avis. J'ai perdu le compte des fois où l'un d'eux, exaspéré, m'a reproché : « Vous voulez toujours avoir le dernier mot, Felton. » Et comme c'était vrai, je répondais : « Absolument, Monsieur ! » avec ce que j'espérais être un sourire de vainqueur.

Le problème, c'est que plus on grandit, moins l'effronterie fonctionne. Je vois bien maintenant comment mes absences durant des semaines entières pour cause de tournage, suivies de mes réapparitions pleines de nonchalance à l'école, ont pu passer pour de l'arrogance auprès des professeurs. Ils ne m'accordaient aucun traitement particulier. C'était même plutôt l'opposé. Je me rappelle avoir été remis à ma place par un professeur qui s'était moqué de ma couleur de cheveux en me demandant qui m'avait cassé un œuf sur la tête, après que j'avais insisté une fois de plus pour avoir le dernier mot. Même en cours d'art dramatique, où on aurait pu imaginer que je m'implique, je jouais les trouble-fête. Monter sur le plateau d'une grosse production pour faire semblant d'être un magicien sur un balai volant, un ventilateur en pleine face, à regarder un type agiter une balle de tennis au bout d'une perche, ça ne me posait aucun problème. Tout ça se déroulait dans un environnement protégé, j'étais entouré de gens comme moi, cela n'avait aucune incidence sur mon statut social. Mais jouer dans le cadre du cours d'art dramatique devant un groupe d'adolescents qui se moquaient dès qu'on jouait mal, ou même quand on jouait bien ? C'était une autre paire de manches. Mes défenses s'érigeaient d'un coup. De l'extérieur, cela devait ressembler au dédain adolescent standard, sans aucun doute. Je suis sûr que mes professeurs jugeaient que je leur faisais mon numéro de Drago, mais en réalité, c'était plus compliqué que ça. J'ai foiré ces cours avec une série de 7/20 (ce qui n'a pas empêché l'un des profs de me demander plein d'ironie si je ne pouvais pas lui décrocher un rôle).

J'ai échoué à gagner le respect durable de mes professeurs au collège, à une exception près. Tous les écoliers ont besoin d'un Dumbledore. Pour moi, ça a été Mr Payne, le directeur. J'avais raté quelques semaines au début de sa première année à la tête de l'établissement, je ne l'avais donc pas rencontré avant qu'il vienne un jour frapper à la porte de mon cours de musique, où mon copain Stevie et moi étions assis face à un clavier, en train de composer notre propre chanson. Il voulait me voir. Je l'ai suivi dehors en me demandant ce que j'avais fait pour mériter ça. Ce n'était rien de grave. « Tu n'étais pas là ces dernières semaines, a-t-il dit. Je m'appelle Mr Payne, je serai ton directeur à partir de maintenant et je voulais me présenter. »

J'ai immédiatement tendu la main et j'ai dit : « Tom Felton, enchanté. »

Ce n'était pas du tout la réponse qu'il attendait, celle d'un enfant très habitué à passer du temps avec des adultes, avec un pied dans un autre monde. La réponse d'un enfant qui tentait de se le mettre dans la poche. Il aurait pu facilement ignorer ce geste ou le trouver très malpoli. Mais non. Après un moment d'hésitation, il m'a serré la main et m'a souri.

Il était toujours souriant, même quand je me suis retrouvé face à lui pour de mauvais comportements, comme cela m'arrivait souvent. Il était toujours juste, jamais sarcastique. Sa patience était sans limites, tout comme son envie de partager la passion de sa matière, les mathématiques. Au contraire de la plupart des autres professeurs, il me traitait comme un jeune adulte. Peut-être comprenait-il que mon attitude ne traduisait pas le désir de compliquer la vie de tout le monde, mais le besoin inconscient de mettre un peu de normalité dans ma vie. Peut-être était-il simplement un chic type. Tout ce que je sais, c'est qu'il a joué le rôle d'une ancre dans ma vie. Adulte, j'ai souvent voulu revivre cette poignée de mains. Si vous lisez ces lignes, Mr Payne, je tenais à vous remercier.

* * *

La normalité était l'objectif. Il n'était pas toujours atteignable.

Nous allions pêcher avec des amis sur deux étangs dans Spring Grove, en bas de ma rue. Il n'y avait pas beaucoup de poissons là-dedans, mais ce n'était pas le sujet. C'était un endroit où passer du bon temps, fumer des cigarettes en secret et, à l'occasion, pêcher une carpe sur un coup de chance. Je disais à ma mère que j'allais dormir chez un copain, il disait la même chose de son côté, et nous passions toute la nuit sur les berges avec nos lignes, nos cigarettes et du jambon en conserve infect pour nous sustenter. C'était le pied.

Je m'y trouvais un soir, avec trois copains. Nos lignes étaient tirées, le camp installé pour la nuit, comme tant de fois auparavant. Nous discutions à l'aise, en riant beaucoup, quand j'ai soudain entendu des voix. Elles étaient encore lointaines mais elles se rapprochaient. Quelques minutes plus tard, un groupe d'une quarantaine de gamins a déboulé. J'ai senti un pic glacé s'enfoncer dans mon ventre. Je ne les connaissais pas. Ils avaient peut-être deux ans de plus et j'étais suffisamment averti de ces choses pour comprendre leurs intentions. C'étaient des jeunes du coin qui trompaient l'ennui en errant dans les rues en bande pour y causer des problèmes. J'ai su d'instinct, à leur approche, qu'ils auraient l'impression de décrocher le jackpot s'ils comprenaient être tombés sur le branleur au balai. J'aurais été dans une sacrée mouise. Tout dans leur comportement indiquait qu'ils voulaient en découdre. Comme ils étaient quarante et nous, quatre, nos chances de nous en sortir me paraissaient plutôt minces.

J'ai baissé la tête et tenté de disparaître derrière mes copains. J'ai jugé que dans une telle situation, ils n'auraient aucune envie d'être associés au petit con de *Harry Potter* et qu'ils feraient tout pour me garder hors de vue de la meute.

J'avais à moitié raison. Ils n'avaient en effet aucune envie d'être associés à moi.

Avant que j'aie pu dire ouf, mes trois copains s'étaient carapatés. Je n'en croyais pas mes yeux. Quelques gars ont ramassé les cannes et les ont jetées à l'eau, pendant que les autres comprenaient enfin qui j'étais. Je voulais courir mais mes jambes étaient paralysées de peur. Deux d'entre eux se sont glissés à mes côtés et ont commencé à me bousculer. Ils avaient tous les deux une cigarette allumée en main et ils ont écrasé le bout incandescent sur ma figure, au grand plaisir de leurs potes. Ça a l'air tendu dit comme ça, et ça l'était, mais le pire, c'était la menace sourde qui émanait de tout le groupe. Même si je trouvais la force de courir, ils me rattraperaient bien vite, ils me traîneraient par mes cheveux décolorés, la tête dans la terre.

Le reste du groupe s'est rapproché. J'ai tenté de reculer. Ils avançaient toujours. J'ai glissé et j'ai chancelé dans la boue. Je me suis résigné.

Soudain, quelque part derrière moi, j'ai entendu les crissements de pneus d'une voiture qui freine brusquement. J'ai jeté un œil anxieux par-dessus mon épaule pour voir la petite Peugeot de mon frère Chris. Je ne l'avais pas appelé. Il ne savait pas où j'étais ni que j'avais des ennuis. Il était arrivé là complètement par hasard et je n'ai jamais été aussi content de voir quelqu'un de toute ma vie. Il est descendu de la voiture et s'est retrouvé instantanément encerclé par quelques types de la bande. Chris est imposant, avec son crâne rasé et ses boucles d'oreille. Son arrivée a eu un impact immédiat. Ils ont cessé de s'intéresser à moi comme un seul homme, ce qui m'a permis de reculer encore et de m'éloigner d'eux. Chris s'est approché. Des mots ont fusé. Je ne pouvais pas entendre ce qu'il leur disait, de sa voix très calme. Je ne l'ai jamais su. Tout ce que je sais, c'est qu'une minute plus tard, la bande s'était dispersée.

Qui sait ? Peut-être aurais-je attiré la même agressivité si je n'avais pas été le branleur au balai ? Mais mes cheveux décolorés et ma célébrité relative faisaient de moi une meilleure cible, aucun doute là-dessus. Si Chris n'avait pas déboulé à ce moment-là, l'issue de cette histoire aurait été bien différente.

J'ai appris, de cet incident et d'autres, à faire attention. J'avais la belle vie, mais la peur n'en était pas absente. Quand j'avais quinze ans, on m'a volé mon vélo, mon cher Kona Deluxe, dans le local de l'école. Celui qui l'a volé a laissé un mot : « On sait où t'habites, on te surveille et on va te tuer. » J'imagine que l'auteur de ces mots ne les pensait pas vraiment. C'était plus probablement une tentative déplacée de frimer un coup. Mais le message était terrifiant. Durant un bon moment j'ai été tétanisé à l'idée de rencontrer un fou capable de mettre cette menace à exécution.

J'ai développé une espèce de sens d'araignée, un radar interne qui m'indiquait quand j'étais sur le point d'être reconnu et que la situation risquait de vriller. Je me rappelle avoir attendu une fois, dans la queue d'une boîte de nuit pour mineurs de Guildford où mes amis m'avaient attiré, tête baissée, yeux au plancher, parce que je savais bien qu'il suffirait d'un seul « Eh, est-ce que tu serais pas… » et tous les dominos s'effondreraient l'un après l'autre. Ma soirée prendrait alors une tout autre tournure. Une partie de moi-même estimait que tout allait bien se passer, les gens qui faisaient la queue pour entrer dans cette boîte n'étaient pas du genre à aimer *Harry Potter*, si vous voyez ce que je veux dire. Mais la foule a commencé à s'agacer et les coups de coude se sont faits plus fréquents. Là, mon sens d'araignée s'est déclenché. J'ai su qu'il fallait que je file. L'expérience m'avait appris que ce genre de situation n'augurait rien de bon. J'ai décidé de troquer une soirée en boîte contre une vie tranquille. J'ai relevé mon col, j'ai baissé la tête et je suis rentré chez moi sans un mot d'explication.

* * *

Comme je le disais, ce n'était *pas* cool d'être Drago.

Le truc, c'est que, à bien regarder ma vie de Moldu, les bonnes expériences pesaient plus lourd que les mauvaises. Je suis content d'avoir passé au moins un temps dans cette école normale avec des gens normaux vivant une vie normale, dans les grandes lignes. Je suis content d'avoir eu des profs sarcastiques et des camarades qui se fichaient bien de mon autre vie. Une partie de moi est même contente des mégots écrasés sur ma figure. Tout ça fait partie des aléas d'une enfance classique ou, du moins, ne relève pas de l'enfance protégée qu'on aurait facilement pu m'imposer. J'aurais été quelqu'un de très différent si je n'avais pas vécu les hauts et les bas d'une existence normale à côté de la folie *Harry Potter*. En tant que tel, j'ai bénéficié du meilleur des deux mondes.

15

Problèmes de métamorphose

ou

Maggie et le mille-pattes

Le tournage des *Harry Potter* a nécessité la présence d'animaux vivants. Des chouettes, des rats, des chiens, des serpents, etc. Il y avait une ménagerie exprès pour ça à Leavesden, où on gardait les animaux. J'adore les chiens, je me souviens donc avec tendresse de la demi-douzaine de chiens qui ont joué Crockdur, le chien de Hagrid. C'étaient de grosses bêtes pataudes, de la taille d'un petit cheval, dont il ne fallait pas trop s'approcher : à la première secousse de leurs énormes babines, ils vous couvraient d'une épaisse couche de bave de chien. De toute façon, les animaux n'étaient pas là pour qu'on les câline ou les agace. À l'écran, tout ce qu'on voit, c'est Harry tenant une chouette en silence, mais derrière la caméra, il y a une centaine de personnes, en comptant la lumière et les bruitages, et ce n'est pas facile d'obtenir ce qu'on veut d'un animal avec tant d'agitation autour.

Il y avait donc une méthode. Les dresseurs amenaient les animaux sur le plateau bien avant les enfants, le reste des acteurs et l'équipe de tournage. Ils répétaient sans fin l'action à accomplir : la chouette qui dépose une lettre (ou une beuglante) avait déjà répété des heures durant quand tout le monde arrivait sur le plateau. Et peu importe la quantité de répétitions, quand l'animal se retrouve face à des centaines d'enfants qui papotent, de lumières qui flashent, de machines qui fument, d'effets pyrotechniques et autres sources de distraction, le plus probable est qu'il se montrera distrait. Nous avons ainsi appris très vite que nous *devions* être calmes en présence des animaux.

Avec les années, tandis que le film prenait de l'ampleur, la ménagerie s'est agrandie elle aussi. On a fini par avoir des centaines d'animaux fantastiques à Leavesden, avec lesquels tout le monde adorait travailler. Mais vous savez ce qu'on dit à propos du travail avec des enfants ou des animaux. Je n'ai aucun doute sur le fait que Dame Maggie Smith avait bien ça en tête quand on tournait *La Chambre des secrets*.

Dame Maggie est très impressionnante. J'ai eu la chance de la connaître simplement comme Maggie avant de bien comprendre la légende qu'elle était. Comme le professeur McGonagall, elle exhale une autorité naturelle, calme et silencieuse, derrière son sourire ironique perpétuel. Comme Alan Rickman, elle a cette capacité à se montrer très sévère tout en restant incroyablement patiente. C'est une qualité très utile quand on se trouve sur un plateau en présence d'enfants turbulents qui n'ont aucune idée de qui vous êtes ni de l'estime qu'on vous porte. Je suis navré de vous apprendre que j'ai mis cette patience à rude épreuve plus souvent qu'il ne faudrait dans les premiers temps.

La scène se déroulait lors du cours de métamorphose du professeur McGonagall. Les élèves étaient assis devant des pupitres inclinés, à l'ancienne, ceux qui s'ouvrent en les soulevant, et tout autour de la pièce se trouvaient des cages d'animaux. Serpents, singes, toucans et même un babouin mal luné. Ce babouin était... comment dire ? Ignorant des subtilités de la vie sociale et des comportements admis sur un plateau de tournage, tout particulièrement en présence d'enfants. C'est ma manière détournée de dire qu'il nous a fallu supporter l'activité perturbante d'un primate en train de se donner du plaisir pendant que nous tournions. De nombreuses prises ont dû être écartées à cause de ce branleur de babouin. Il a fallu déplacer plusieurs fois la pauvre créature afin d'empêcher que son vigoureux passe-temps ne ruine les plans. Imaginez le chaos engendré chaque fois que l'un des enfants constatait ce qu'il se passait du coin de l'œil et criait : « Oh punaise, regardez ce que fait le babouin ! »

Pour la scène, un animal avait été attribué individuellement à chaque enfant. Le mien était un lézard sur sa branche. Les dresseurs lui avaient attaché un fil de pêche autour du corps pour qu'il ne puisse pas s'enfuir et on m'avait demandé fermement de ne pas l'attraper par la queue. Apparemment, le super-pouvoir des lézards est d'être capables de se débarrasser de leur queue et d'en faire pousser une autre, donc si vous le tenez par la queue, il y a de bonnes chances qu'elle vous reste dans la main. C'était un petit gars docile. Il restait posé sur sa branche, sage comme une image. Moi je résistais de justesse au désir de tester son super-pouvoir. Comme lui, la plupart des animaux dans la salle étaient parfaitement calmes. (Plus que le babouin, en tout cas.) Il y avait une musaraigne paisible et quelques insectes de bonne taille au comportement exemplaire.

Et puis il y avait le mille-pattes de Josh Herdman.

Il était facilement épais comme mon pouce et long comme mon bras. Il avait un milliard de pattes et paraissait incapable de rester immobile. Il se tortillait et s'enroulait sur le pupitre à côté de moi, à l'opposé de mon lézard statique. C'était fascinant, et l'envie de le titiller, irrésistible. Un élève ordinaire aurait utilisé un crayon pour cela, mais nous avions de meilleurs outils sous la main. Des baguettes ! Dans l'intérêt de la science, nous avons (doucement) touché et titillé ce pauvre myriapode. Ce que nous avons appris était fascinant. Agacez-le suffisamment et il s'enroulera comme un hérisson, formant un long boudin. Et quand cela se produit, il glisse

lentement
le
long
du
pupitre
incliné.

L'hilarité que provoquait ce mille-pattes chez Josh et moi était sans limites. À chaque petit coup, boudin, glissade, nous nous tordions en deux.

D'habitude, quand quelqu'un était pris d'un fou rire sur le plateau, c'était marrant. La patience de Chris Columbus était presque infinie et il aurait été de toute manière difficile de créer un environnement joyeux pour le tournage tout en reprochant aux gens de rigoler un peu. Mais on ne peut pas travailler si l'hilarité est constante. Arrivera toujours un moment où il faudra des prises exploitables. Columbus avait ainsi imaginé un système à appliquer en ce genre de cas. À chaque fois que l'un de nous perturbait une prise, il écopait d'un carton rouge. Un carton rouge signifiait qu'on devait mettre un billet de dix livres dans un sac et, à la fin de la prise, tout l'argent était donné à des œuvres de bienfaisance. C'était parfait pour nous garder alertes et concentrés, mais ça ne marchait pas à tous les coups. Rupert Grint était l'un des pires d'entre nous de ce point de vue. Je crois savoir qu'il a placé plus de 2 500 livres dans le sac pour les deux premiers films tellement il était incapable de se contenir quand le fou rire frappait. Ça n'avait pas non plus marché pour cette histoire de mille-pattes, évidemment. À chaque fois que retentissait le mot « Action ! », Josh ou moi le touchions du bout de la baguette pour qu'il reste bien à sa place, et à chaque fois il se recroquevillait et glissait

lentement
le
long
du
pupitre
incliné.

Et on était morts de rire.

« Coupez ! »

Les cartons rouges ont été sortis, et des excuses, prononcées. Josh et moi avons solennellement juré d'arrêter. Et puis, dès que le mot « Action ! » retentissait, on était à nouveau pliés en deux. L'un de nous pouffait et ça déclenchait l'hilarité de l'autre. Même sans s'écouter, sans se regarder, le satané mille-pattes glissait sur le pupitre et on se tordait de rire.

« *Coupez !* »

On nous a pris à part pour un sermon. « Écoutez, les garçons, vous *nous* faites perdre du temps, *vous* perdez votre temps et, surtout, vous faites perdu temps à Dame Maggie Smith. Ce n'est pas respectueux et on vous virera du plateau si vous ne prenez pas ça au sérieux. Est-ce qu'il faut en arriver là ? »

On a secoué la tête. On savait bien qu'on renvoyait une très mauvaise image et on voulait à tout prix montrer qu'on était des professionnels. On est retournés à nos places, dûment châtiés et déterminés à garder sous contrôle nos fous rires involontaires. On s'est concentrés sur Dame Maggie et son austère patience à la tête de la classe. Josh et moi étions le plus sérieux possible.

« Action ! »

Morts de rire.

« *COUPEZ !* »

Pas bon... On ne voulait pas rire mais on était incapables de s'en empêcher. On sentait chacun les ricanements de l'autre. C'était comme si on nous avait chatouillés brutalement, c'était à la fois douloureux et irrésistible. Chris Columbus et le reste de l'équipe étaient plus qu'énervés à ce stade. Comment allaient-ils pouvoir tourner cette scène si les deux idiots de Serpentard n'arrêtaient pas de tout ficher en l'air à cause d'un mille-pattes qui glisse ?

Ils ont fini par enlever l'animal. Chaque scène est filmée depuis des points de vue variés et ils ont décidé que, puisqu'ils avaient surtout besoin de plans de Maggie et que notre rôle n'était que de soutenir sa performance, on pouvait se passer de la ménagerie. C'est donc ce qu'il s'est passé, tout ça à cause de Josh et de ma mauvaise gestion du mille-pattes.

J'avais honte de mon comportement et je suis donc allé voir Maggie après pour lui présenter mes excuses. « Je suis désolé, Maggie, je ne sais pas ce qui m'a pris. Ça n'arrivera plus. » Elle a gentiment balayé tout ça d'un revers de main. J'imagine qu'après plusieurs décennies à maîtriser son art, il y avait peu de chance qu'elle soit déstabilisée par deux ados qui s'amusent avec une baguette et un mille-pattes dans son champ de vision. Une actrice de son calibre est imperméable à ce genre de chose. Et je ne crois pas que mon comportement ait compromis notre relation. Sur le plateau, elle était sévère mais gentille, comme McGonagall. Hors du plateau, aux premières, aux grands événements, elle était toujours très amicale et conciliante. Je me rappelle que mes parents mouraient d'envie de la rencontrer et qu'elle s'était montrée très compréhensive. C'est un authentique trésor national, digne d'admiration. Et c'est un Serpentard qui le dit.

* * *

Je dois bien dire qu'il m'est arrivé, de temps en temps, d'être un gentil garçon. Dans une scène de *La Coupe de feu*, Fol-Œil transforme Drago en furet puis, sur ordre de McGonagall, lui redonne son apparence. Le script était très clair : quand Drago reprend forme humaine, il doit se retrouver complètement nu et s'enfuir, humilié, en traversant une cour bondée. Je n'y avais pas beaucoup pensé, au-delà de quelques blagues sur le fait qu'ils ne trouveraient jamais d'objectif assez large. Mais quand est venu le moment de tourner et qu'ils m'ont tendu un string transparent qui m'a fait regretter mon costume de Bonhomme de neige numéro trois, la réalité de la situation m'a soudain frappé. « On va vraiment faire ça ? » ai-je demandé, string en main, sous les yeux d'une centaine de figurants.

« On va vraiment faire ça.

— Maintenant ?

— Maintenant. »

J'ai regardé le string minuscule. J'ai regardé l'équipe. J'ai regardé les figurants et les assistants réalisateurs et mes camarades acteurs. Ce n'est que quand certains se sont mis à rire sous cape que j'ai compris que ces *enfoirés* m'avaient fait marcher depuis le début. J'avais été le dindon de la farce, on m'avait fait passer pour un idiot, mais, heureusement, mon derrière est resté couvert et ma pudeur préservée.

Alfonso introduces me to the Monster Book of Monsters

HP3

Meeting my favourite 'bloody chicken' while on location filming the Prisoner of Azkaban.

Backstage on Broadway.

Me and Dan competing a
Quidditch and cricket!

With David Holmes after
Slytherin clinches another
victory.

A Comic Con in Japan

Off-set cuddles with Greyback.

The three Malfoys.

Better than hugging Voldy.

Weasley love.

A rare win for Gryffindor.

Slapsies on and off screen.

On the red carpet with Alan.

Quacking with my favourite duck.

Rise of the Planet of the Apes.

Jumping into Hollywood life

018

Skating to the beach.

Busking in L.A.

Meeting the fans.

Versions of myself

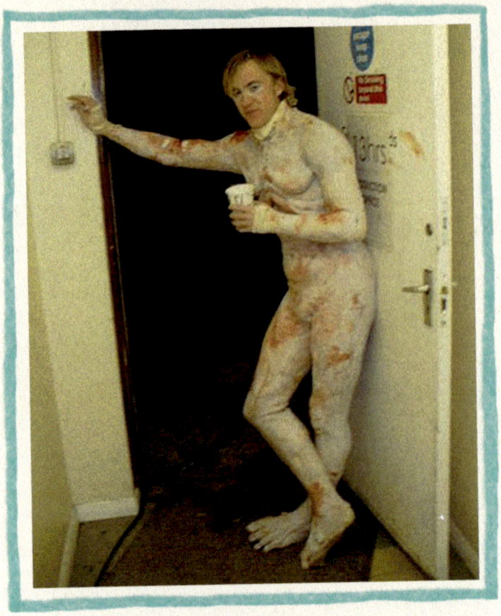

13 Hours

A United Kingdom

Labyrinth

Joseph Fiennes

Risen

Ophelia

Forgotten Battle

Beach life in California.

ith my best friend Willow

(She grew a bit)

Me and Greg Cipes in Venice Beach.

Enemies on screen mak good friends off.

Beatriz Romilly

Mandip Gill

Sam Swainsbur

My West End debut.

16

Dramione

ou

La poule et le canard

Laissez-moi faire un petit avance rapide de quelques années pour nous retrouver à Santa Monica, à Los Angeles.

Harry Potter, c'est du passé. Je vis à Venice Beach et c'est, d'une certaine manière, le pire endroit où vivre pour quelqu'un d'un tant soit peu connu. Des dizaines de milliers de touristes débarquent tous les jours et les Américains ne sont pas réputés pour être timides quand ils reconnaissent quelqu'un. Mais je m'en sors bien, peut-être parce que je passe le plus gros de la semaine dans le même short de bain mouillé, une casquette de baseball vissée en arrière sur la tête, à faire du skate derrière les quais. Même quand on me reconnaît, le plus probable est que ça se finisse en un haussement d'épaules : *Non, ça ne peut pas être Drago, il ressemble trop à un clochard des plages*.

Mais il ne faut pas confondre célébrité et *célébrité*, comme je m'en aperçois à chaque fois que j'accueille Emma Watson.

Je propose que nous passions la journée dehors. Ça n'a l'air de rien, pas vrai ? Une journée à la plage, avec un vieux pote. Mais c'est loin d'être rien pour Emma. Elle ne le ferait jamais d'elle-même, je crois bien. Et on comprend pourquoi dès qu'on met le nez dehors.

Je porte un T-shirt sur lequel on peut lire « Les femmes le font mieux », ce qu'Emma approuve tout à fait. Elle est habillée d'un survêtement et d'un T-shirt, à des kilomètres de l'Emma des tapis rouges que tout le monde connaît. Et pourtant, la première personne qu'on croise tourne la tête. Elle l'a reconnue. Emma ressemble encore presque exactement à ce qu'elle était à la fin des *Harry Potter*. Pas du tout à un clochard des plages. Nos chances de nous balader incognito sont nulles.

Nous accrochant l'un à l'autre, nous longeons le bord de mer sur ma longboard électrique. Une marée de visages se tourne sur notre passage. D'abord, les gens sont stupéfaits. Ensuite tout excités. Ils crient le nom d'Emma. Ils crient le nom de Hermione. Ils se mettent à nous poursuivre sur la promenade. Nous rentrons au Big Dean's pour y boire une pinte. Je suis un habitué, je connais bien toute l'équipe. Mais là, c'est comme s'ils ne m'avaient jamais vu. Tous les yeux sont tournés vers

Emma. Un membre de l'équipe lui tend même un CD de sa musique dans l'espoir que, en tant que « personne connue », elle puisse le faire suivre à quelqu'un d'influent.

Emma le prend très bien. C'est comme ça depuis qu'elle est ado. J'ai pu vivre une vie normale à côté de ma carrière à Poudlard, mais pour Emma, c'était presque impossible. Elle a dû apprendre à faire avec. Nous quittons le bar, retour sur la plage, nous nous cachons sous un vieil abri de secouristes, deux ennemis à l'écran aujourd'hui plus proches que jamais qui cherchent à échapper à l'attention constante du public. Assis là, nous repensons au temps où tout était différent, quand Emma n'avait pas l'habitude d'être le centre de l'attention et que je n'avais rien d'un ami attentionné.

* * *

Ma relation avec Emma Watson n'a pas bien démarré. Il y a eu d'abord ma réplique hautaine à la première audition, quand j'ai écrasé une petite fille de neuf ans aux cheveux frisés sous le poids de mon attitude de blasé des plateaux. On lui aurait pardonné après ça de vouloir se tenir le plus éloignée possible de moi.

C'est allé de pire en pire.

Il y avait une division Gryffondor/Serpentard très nette au début. Deux bandes qui gardaient leurs distances, surtout parce qu'on travaillait rarement ensemble. Daniel, Emma et Rupert étaient la première bande. Jamie, Josh et moi, la deuxième. On n'était pas du tout hostiles les uns envers les autres, loin de là, seulement différents. Les trois premiers étaient très propres sur eux. Pas nous. Les trois premiers venaient de familles très huppées. Bon, je n'ai vraiment pas eu la vie difficile, mais il y avait une vraie différence. On se croyait un peu plus cools qu'eux, j'imagine. On passait notre temps libre ensemble à écouter du rap, Wu-Tang, Biggie, 2Pac, si bien que quand Josh et moi avons appris que la petite Emma de neuf ans avait préparé un mini-spectacle de danse dans sa loge qu'elle voulait nous présenter à l'heure du déjeuner, nous avons évidemment été un peu méprisants. Aller voir un spectacle de danse plutôt que de débattre pour savoir quel style de rap était le meilleur entre le rap East Coast et le rap West Coast ? Pas moyen, gros.

On a ricané jusqu'à la loge d'Emma et le ricanement s'est amplifié quand elle s'est mise à danser. On se comportait comme des petits merdeux principalement par gêne, parce qu'on pensait que nous moquer faisait de nous des gars cools, mais Emma était visiblement affectée par notre réaction. Je me suis senti con, et j'avais bien raison. Finalement, c'est une des maquilleuses qui m'a remis en place. « Elle est blessée, m'a-t-elle dit. Tu n'aurais pas dû te moquer d'elle, va t'excuser. »

J'ai présenté des excuses et Emma les a acceptées. Tout le monde est passé à autre chose. Ce n'était qu'un comportement idiot d'adolescents sans égard pour personne, le genre de trucs qu'on voit tous les jours. Pourquoi m'est-ce donc resté en mémoire ? Pourquoi est-ce si pénible de me le remémorer ?

La réponse, je crois, c'est que j'ai fini par comprendre les années passant, que, de nous tous, Emma était celle qui se trouvait dans la situation la plus délicate, dès le plus jeune âge. Elle allait devenir une des femmes les plus connues du monde (et, à mon sens, l'une des plus formidables), mais c'est tellement facile pour quelqu'un d'extérieur de ne voir que la célébrité sans tenir aucun compte des défis qu'elle entraîne ! Au départ, Emma n'avait pas treize ans comme moi, ni onze comme Daniel. Elle en avait neuf. Ça fait une sacrée différence. Elle ne s'était jamais retrouvée sur un plateau de cinéma et c'était la seule fille parmi les rôles principaux. L'« humour de petit garçon » était partout, les blagues débiles, les comportements prépubères. Elle ne déméritait pas sur cet aspect, loin de là, elle était même parfois la plus effrontée de nous tous, mais ça n'a pas dû être facile. La pression sur ses épaules était énorme, il ne s'agissait pas seulement de supporter des petits garçons idiots. Elle n'a jamais eu le droit à une enfance normale. Elle a été traitée de bien des façons comme une adulte dès le premier jour de la production. Je crois que c'est une expérience qui peut être plus difficile à vivre pour les filles que pour les garçons. Elles sont sexualisées sans raison, dans les médias et au-delà. On les juge sur leur apparence et toutes leurs tentatives de montrer de la personnalité fera hausser des sourcils, alors qu'un garçon aurait pu faire pareil sans provoquer la moindre réaction. Je me demande ce qu'il se serait passé si quelqu'un avait pu lire l'avenir et dire à la Emma de neuf ans ce qu'il lui réservait. Que ce truc pour lequel elle venait de signer définirait le reste de sa vie. Qu'elle ne pourrait jamais s'en défaire. Qu'elle serait traquée pour toujours. L'aurait-elle fait dans ce cas ? Peut-être. Peut-être pas.

En tout cas, la dernière chose dont elle avait besoin, dans cet environnement qui aurait dû être, et qui était la plupart du temps amical et bienveillant, c'était que Josh et moi nous moquions de son numéro de danse. C'est pour ça que j'ai honte de ce comportement, encore aujourd'hui. Et c'est pour ça que je suis heureux que notre amitié ne se soit pas brisée sur les récifs de mon insensibilité, qu'elle soit devenue plus profonde. Une pierre angulaire dans nos vies.

* * *

J'ai toujours ressenti un amour secret pour Emma, mais peut-être pas comme les gens aimeraient l'entendre. Je ne dis pas non plus qu'il n'y a jamais eu cette petite étincelle entre nous. Elle a existé, seulement à des moments différents. Dans les derniers films, il y avait une certaine Lisa Tomblin parmi les coiffeuses. Je la connaissais depuis l'âge de sept ans car elle avait travaillé sur *Anna et le Roi*. C'est elle qui m'a dit la première qu'Emma était amoureuse de moi. Elle avait douze ans, j'en avais quinze. J'avais une copine et j'étais de toute manière programmé pour ne pas tenir compte de ce genre de chose. J'ai ri. Je crois que je ne l'ai même pas crue.

Mais le temps a passé et les choses ont changé. Nous nous sommes rapprochés et plus j'ai constaté et compris ce qu'était sa vie, plus j'ai ressenti de l'empathie. Je me suis montré très protecteur, dès qu'elle avait besoin qu'on la protège. J'ai commencé à la voir non comme une petite fille ni comme une célébrité appartenant au public, mais comme une jeune femme qui faisait de son mieux pour naviguer dans une vie où les interactions sociales ordinaires étaient presque impossibles. À l'occasion, elle sortait sa langue de vipère. Elle était de temps en temps méprisante ou inamicale. Certains le prenaient mal. Ils ne comprenaient pas la pression d'être Hermione, ni qu'Emma avait aussi le droit à ses mauvais jours, comme tout le monde.

Souvent, dans les premiers temps, Emma était toutefois désagréable pour des raisons plus complexes que de la simple mauvaise humeur. Sur le tournage du *Prisonnier d'Azkaban,* nous nous sommes retrouvés au milieu d'une forêt de Virginia Water pour la scène où Buck l'hippogriffe s'en prend à Drago. Il y avait peut-être cinquante personnes de l'équipe, dont Daniel, Emma et Rupert, avec Robbie Coltrane et, bien sûr, Buck lui-même. Ce n'est pas facile de rester sous les radars quand il y a autant de monde. Comme c'était un lieu public, nous avons bien vite attiré l'attention des fans. La réaction instinctive d'Emma a été de regarder ailleurs, d'éviter tout contact et de garder ses distances quand des étrangers criaient son nom. Cela pouvait sans doute être pris pour de la froideur, ce refus de signer des autographes et d'interagir avec les passants. En vérité, c'était une petite fille de douze ans terrifiée. Je crois qu'elle ne comprenait pas l'intérêt que tout le monde lui portait. Ce n'était pas surprenant puisque le studio ne nous avait pas du tout préparés à gérer ce genre de situation.

J'avais quelques années de plus et bien moins peur de me mêler au public. J'ai pris Emma à part et j'ai essayé de l'aider à comprendre qu'il n'y avait pas de raison d'avoir peur, qu'elle pouvait se montrer amicale, que nous avions reçu le don de créer des souvenirs mémorables à ces fans qui voulaient nous parler. Nous sommes allés ensemble à leur rencontre et nous leur avons parlé. Un poids lui avait été ôté des épaules. Cela a peut-être contribué à lui faire oublier mon insensibilité, quand je m'étais moqué de son numéro de danse. David Heyman m'a avoué plus tard qu'il avait vu à ce moment que je grandissais, que le garçon arrogant laissait place à un jeune adulte plus attentionné. Je crois que ça a aussi un peu aidé Emma à faire la paix avec l'étrangeté de la vie qui était devenue la sienne. D'une certaine manière, nous nous sommes tous les deux aidés à grandir, ce jour-là.

Des rumeurs sont nées, nous prêtant une relation plus profonde que ce que nous laissions entrevoir. J'ai nié l'aimer de cette façon, mais ce n'était pas tout à fait vrai. Ma copine de l'époque a tout de suite su qu'il y avait entre nous un non-dit. Je me souviens d'avoir employé la vieille rengaine du « Je l'aime comme une sœur ». Mais il y avait plus que ça. Je ne crois pas avoir jamais voulu *être avec elle*, mais je l'aimais et je l'admirais en tant que personne, d'une manière que je ne pouvais pas expliquer.

Une fois, nous nous sommes vus en dehors de Poudlard, une chose que je faisais rarement avec qui que ce soit de l'équipe. Je préférais retrouver l'ordinaire de ma vie quotidienne. Je suis passé la prendre et nous sommes allés nous promener autour d'un lac près de chez moi. Emma m'a longuement reproché de fumer, puis, d'un coup, elle m'a dit quelque chose qui me restera pour toujours : « J'ai toujours su que j'étais un canard, mais on m'a toujours dit que j'étais un poulet. Dès que j'essaye de dire "coin", l'Univers me répond que je devrais dire "cot-cot". J'ai même commencé à penser que j'étais un poulet, pas un canard. Et puis on a commencé à se fréquenter et j'ai rencontré quelqu'un qui disait "coin" comme moi. C'est là que j'ai pensé, qu'ils aillent tous se faire voir, je suis un canard ! »

Est-ce que je vous ai dit qu'Emma Watson avait le truc pour trouver les bons mots ?

Pour quelqu'un d'autre, son histoire de canard et de poulet aurait ressemblé à du charabia. Pas pour moi. J'ai tout de suite compris ce qu'elle disait. Elle voulait dire que nous étions semblables, que nous nous comprenions et que nous nous aidions à donner un sens à nos vies et à nous-mêmes. Depuis, nous cancanons ensemble. Je sais que je la protégerai toujours, et qu'elle me protégera.

Croyez-moi, c'est une bonne chose d'avoir une Emma qui vous protège, parce qu'elle a un excellent crochet du droit, comme je l'ai découvert un jour à mon grand dam.

Nous tournions *La Chambre des secrets* quand est sorti le livre du *Prisonnier d'Azkaban*. Conformément à ma réputation, j'ai été l'un des derniers de l'équipe à le lire, mais j'ai entendu dire qu'il y avait dedans une scène où Hermione envoyait à Drago une gifle bien méritée. Cool, ça va être marrant ! J'adorais les films de Jackie Chan à l'époque et j'adorais l'idée qu'Emma et moi devrions nous laisser aller à un peu de violence feinte lors du prochain tournage, l'année suivante. Dès que j'ai appris ça, Josh et moi sommes allés la trouver pour un peu d'entraînement. Il y avait juste à côté du plateau une espèce de tente, comme un barnum de mariage. C'était là que les enfants se posaient quand ils n'étaient ni sur le plateau ni en cours, parce que l'endroit était richement approvisionné en chocolat, en chips, en Coca et, croyez-le ou non, en Red Bull, boisson que j'encourageais malicieusement les plus jeunes à consommer. C'était gratuit, après tout. Tout a changé quand la mère de Matthew Lewis, qui jouait Neville Londubat, a remarqué avec une certaine pertinence que me laisser goinfrer des enfants de neuf ans à coup de chocolat et de boissons énergisantes n'était pas la meilleure idée de l'histoire des idées. Une fois de plus, ma réputation auprès des chaperons se consolidait. Les encas se sont métamorphosés à notre grande déception en fruits et en eau douce, et cette tente est devenue d'un coup bien moins accueillante. Mais il restait quand même la table de ping-pong et Emma, qui y jouait très bien, s'y trouvait souvent.

Josh et moi avons plongé sous la tente. Bien sûr, Emma était là, avec une autre fille, en pleine partie de ping-pong. Mon imagination s'enflammait à l'idée de préparer la gifle parfaite à la manière de Jackie Chan, quand les caméras s'aligneraient parfaitement dans notre dos pour faire croire que sa paume rentrerait bien en contact avec ma joue et que je parviendrais à rendre tout ça crédible alors qu'en réalité elle ne m'aurait même pas touché. Pas même de loin. C'est donc avec beaucoup d'enthousiasme que je me suis approché d'elle.

INT. JOUR. SOUS LE BARNUM

Tom et Josh tournent autour de la table de ping-pong en attendant qu'Emma écrase son adversaire. Elle a l'air troublée par l'étincelle qu'elle lit dans leurs yeux.

TOM

Est-ce que tu voudrais t'entraîner à me gifler ?

EMMA

(sourcils froncés)

Pardon ?

TOM

Dans le prochain film, c'est ce que tu feras. Tu me colleras une gifle.

(mentant éhontément)

Je l'ai lu !

EMMA

OK, super.

TOM

(en pleine pénisplication)

Parfait. Voilà comment on va faire. Tu te mets là, il faut que ça parte du corps, que tu fasses tout pour que ça paraisse vrai, que tu…

Pendant que Tom parle, Emma le jauge patiemment, elle lève une main et, sans avoir compris qu'il parlait d'une gifle de cinéma, le frappe à pleine paume sur la joue.

Une pause.

EMMA

Comme ça ?

Tom cligne des yeux. Beaucoup.
Il retient ses larmes.

TOM

(d'une voix entrecoupée)

Super. Oui. C'est bien. C'est… super. Bien joué. Joli. On se voit plus tard, OK ?

Il lui tourne le dos et sort penaud de sous le barnum, la queue entre les jambes.

Je n'ai pas eu le cran de dire à Emma que je ne parlais pas d'une vraie baffe ni qu'elle avait bien failli me faire pleurer. Elle ne l'a su que beaucoup plus tard. Imaginez donc ma crainte quand j'ai appris, avant de tourner la scène en question l'année suivante, que la gifle avait été transformée en coup de poing. Je l'ai suppliée de bien garder ses distances pour le coup en question. Je n'ai pas honte d'admettre que ma joue brûlait encore au souvenir du précédent crochet du droit d'Emma.

Emma m'a beaucoup appris au fil des années. Les leçons les plus importantes : ne suis pas toujours le troupeau, ne sous-estime jamais une femme et, quoi que tu fasses, continue à dire « coin ».

17

Les Weasley dans leurs œuvres

ou

Au golf avec les Gryffayots

Il est arrivé que nous autres enfants soyons baladés d'un lieu à l'autre à bord d'un gros bus. Imaginez une sortie scolaire standard, un peu agitée, sauf que les passagers ne sont pas dans leur uniforme d'écolier habituel, mais en robe de magicien et baguette magique. J'ai treize ans et une partie de mon salaire d'acteur m'a permis d'acheter un lecteur de CD portable et un disque de Limp Bizkit. Je suis assis dans le bus à côté de Rupert Grint et la chanson *Break Stuff* retentit bien au-delà de mes écouteurs.

Vous connaissez Limp Bizkit ? Si oui, vous penserez peut-être, raisonnablement, que ce n'est pas de la musique pour un garçon de treize ans. Les thèmes sont durs, le langage fleuri. C'était pile mon genre. J'ai jeté un œil à ma droite, où Rupert s'occupait tranquillement. Je me suis dit que c'était l'occasion d'obtenir de lui une authentique expression d'étonnement suprême à la Ron

Weasley. J'ai ôté mes écouteurs et je les lui ai collés sur les oreilles. Ses sourcils se sont froncés. Ses yeux se sont écarquillés. Et tandis qu'il absorbait d'un seul coup toutes les paroles de Limp Bizkit, cette expression si caractéristique de Ron s'est dessinée sur sa figure. Vous voyez bien laquelle. J'aurais pu lui glisser une araignée sur les genoux, j'aurais obtenu la même.

Quand je me rappelle ce souvenir, deux vérités me frappent. La première, c'est que si je n'ai pas été l'enfant favori des mères chaperonnes en quelques occasions, c'est qu'il y avait de bonnes raisons à cela. Vous vous rappelez le skateboard ? Le Red Bull ? Je crois avoir été quelquefois une influence perturbatrice sur certains enfants plus jeunes que moi, que ce soit en leur distribuant des bonbons ou en les exposant aux paroles explicites du rap américain. L'autre, c'est que les acteurs qui jouaient les Weasley étaient exactement ce qu'on aurait voulu qu'ils soient dans la vraie vie : drôles, gentils et détendus. Rupert tout particulièrement.

* * *

J'avais déjà rencontré Mark Williams, qui jouait Mr Weasley, sur le plateau de *The Borrowers*. Sur le tournage des Potter, on se voyait peu. Nos scènes ne coïncidaient pas. Nos contacts étaient donc limités aux premières et autres conférences de presse. Mais dans mes vieux souvenirs pré-potteriens, c'est un acteur qui chahutait tout le temps. Il était très détendu sur le plateau et faisait de son mieux pour que tout le monde le soit aussi. C'était toujours le premier à rappeler que nous ne faisions rien de particulièrement important, que ce n'était qu'un film et qu'on pouvait donc bien s'amuser au passage.

Mark était le complément parfait de Julie Walters, qui jouait Mrs Weasley (au grand plaisir de ma mère). C'était la reine de la gentillesse sur le plateau, mais elle avait aussi un sens de l'humour malicieux. Elle et Mark rigolaient beaucoup. Tous les deux étaient chaleureux, avec les pieds sur terre. C'était en résumé les parfaits Weasley. Je suis sûr qu'ils étaient pour beaucoup dans le fait que Rupert, comme James et Ollie Phelps qui jouaient Fred et George, s'amusaient tant sur le plateau. Quand les Weasley étaient ensemble, ils passaient toujours du bon temps.

À l'écran, Rupert et moi étions des ennemis jurés. Hors de ça, je n'avais et n'ai toujours que de l'amour pour le ninja roux. C'était presque impossible de faire autrement. Dès le début, il nous a fait hurler de rire. C'est quand même lui qui a décroché le rôle en envoyant une vidéo de lui où il rappait ces paroles immortelles : « Salut ici, moi c'est Rupert Grint, j'espère que vous m'aimerez, pas que je puerai. » Il était sans surprise très semblable à Ron. Une effronterie sans pareille, appuyée par l'habitude de lâcher des commentaires vaguement déplacés, que la plupart auraient gardés pour eux. Il avait un énorme problème de fous rires en plateau, qui lui a coûté cher à cause du système de carton rouge de Chris Columbus : plusieurs milliers de livres. Le fou rire accidentel est un accident du travail fréquent chez les acteurs, surtout les jeunes. Il suffit que quelqu'un dise un mot de travers ou attire votre attention d'une certaine manière, et rien n'y fera, pas même les plus sévères réprimandes, ni les acteurs de légende qui vous entourent, il deviendra impossible de ne pas vous écrouler de rire à chaque fois que la caméra s'allumera. De nous tous, Rupert était le plus touché par ce phénomène.

Rien ne l'affectait jamais. Malgré la pression qui pesait sur ses épaules dès le premier jour, je ne l'ai jamais entendu se plaindre ni même vaguement s'agacer des tracas occasionnels de la célébrité. C'est une personne purement bonne, douce, capable de surmonter n'importe quoi. Bien moins « star » qu'on pourrait l'imaginer pour un acteur de ce calibre. Les personnages qu'on jouait se détestaient, mais j'ai toujours remarqué que nous avions beaucoup en commun dès qu'on sortait du plateau. On faisait la même chose de notre argent : on en profitait avec bonheur. Allez dans l'une ou l'autre de nos maisons, vous y trouverez une abondance de gadgets improbables. J'ai acheté un chien, lui un lama. Et même deux. Qui ont fini par devenir seize (les lamas se reproduisent avec enthousiasme, semble-t-il). Il s'est acheté une belle caisse, comme moi. Mais là où j'ai opté pour une BM décapotable (et décapoté même quand il gèle), il a assouvi son rêve d'enfant de devenir marchand de glaces en dépensant tranquillement son argent rudement gagné dans une camionnette de glacier tout équipée, qu'il a emmenée au travail pour distribuer gratuitement des bâtonnets glacés. Il l'a même conduite dans des villages paisibles pour offrir des glaces à des enfants ébahis de se voir ainsi tendre un cornet deux boules gratuit par Ron Weasley en personne. C'était complètement dingue et pourtant complètement Rupert. En dépit de tout, il ne pouvait être personne d'autre que lui-même.

Tout le monde change un peu en grandissant. Pour les derniers films, Rupert est devenu plus silencieux, ses extravagances plus discrètes. Mais il n'a jamais perdu son authenticité ni sa gentillesse, sa nature entière. Dans les années qui ont suivi, de tous les amis que j'avais rencontrés lors des tournages, c'est lui qui a partagé ma passion pour certains projets. Depuis plusieurs années à présent, je me rends autour de Noël à l'hôpital pour enfants de Great Ormond Street à Londres pour y distribuer des cadeaux à ceux qui s'y trouvent bloqués pendant les fêtes. Je commence la journée en faisant un tour chez Hamleys, le grand magasin de jouets (oui, celui dans lequel j'allais avec ma mère après les auditions) et je m'efforce d'embarquer le plus de jouets *Harry Potter* possible. Puis direction l'hôpital, avec une hotte de père Noël pleine. Une fois, j'ai envoyé un SMS à Rupert pour savoir si ça lui dirait de m'accompagner. Ça n'a l'air de rien, ce n'est d'ailleurs rien comparé à ce que traversent certains de ces enfants à l'hôpital, mais j'étais bien conscient que la question des œuvres de bienfaisance était, pour Daniel, Emma et Rupert, bien plus compliquée que pour nous autres. Nous sommes capables d'aider les gens rien que par notre présence. Parfois même sans être là ! Daniel, par exemple, peut signer dix photos et gagner avec ça des milliers de livres en une seule soirée, à donner à une association. Ainsi, si la plupart des gens ont de très bonnes raisons de ne pas pouvoir dégager du temps pour les bonnes œuvres, les nôtres sont beaucoup moins convaincantes. C'est bien sûr un privilège discret, de pouvoir faire ce qu'on peut pour ceux qui ont moins de chance que nous, mais avec ce privilège vient une question lancinante. Où s'arrêter ? Où est la limite ? Il n'y aura jamais pénurie de gens dans le besoin, il serait donc facile de s'en vouloir de ne pas en faire plus encore. Comme nous tous, Rupert fait ce qu'il peut pour que sa célébrité serve la bonne cause, mais il aurait été très compréhensible que ma demande de dernière minute ait été celle de trop (surtout qu'il lui est très pénible de voir des enfants malades, je le sais bien). Il est pourtant venu, le lendemain, plein d'enthousiasme. Sans équipe, sans chauffeur, sans chichi : juste le modeste et nonchalant Rupert, content de donner de son temps pour illuminer la journée de ces enfants qui en avaient bien besoin.

C'est Rupert en résumé : extravagant, espiègle, attentionné, fiable, gentil, un garçon à connaître, surtout si vous avez envie de glace.

* * *

Fred et George Weasley étaient joués par les jumeaux Phelps, James et Ollie. Ils ont deux ans de plus que moi, il n'y avait donc aucune chance que je les choque avec un peu de gangsta rap. Il m'a fallu presque dix ans pour savoir les différencier et je ne me serais certainement jamais risqué à les appeler par leur prénom, au cas où je me tromperais. Nous n'avons pas partagé beaucoup de scènes communes, mais nous avons quand même noué une amitié qui dure encore aujourd'hui. Tous les deux sont aussi chaleureux et drôles que le sont leurs personnages.

Donnez-leur de quoi s'amuser deux minutes, ils s'amuseront des heures. James et Ollie partagent ça avec les jumeaux de *Harry Potter*. Ils ont le don de tirer parti de toutes les situations. S'il y a une blague à faire, ils la feront. S'il y a quelque chose à gratter, ils gratteront. Quand on tournait les derniers films, les producteurs voulaient engranger beaucoup de matériel pour les bonus, des à-côtés du tournage. Ils ont proposé de se rendre chez nous pour nous filmer durant nos activités de Moldus, en train de promener le chien, en train de laver la voiture, de tondre la pelouse, etc. Dans l'ensemble, nous n'étions pas très chauds à cette idée. Les Phelps en avaient une autre, et ils ont eu une façon très « Fred et George » de nous la « proposer ». Ils jouaient au golf, comme Rupert, et je m'étais moi-même mis depuis peu à taper avec un club dans une balle blanche. Pourquoi n'irions-nous pas tous jouer au golf dans un lieu emblématique, ont-ils suggéré, pour qu'ils nous y filment ? Disons, par exemple, le Celtic Manor, au Pays de Galles, très populaire chez les golfeurs, qui s'apprêtait en plus à accueillir la Ryder Cup sur leur terrain tout neuf et impossible à réserver ?

Pour notre plus grand plaisir, ils ont accepté, et c'est ainsi que James, Ollie, Rupert et moi nous sommes préparés pour un road trip jusqu'au Celtic Manor. Mais attendez ! Ça ne pourrait pas marcher si d'autres golfeurs étaient sur le terrain, avant ou après nous, ont judicieusement précisé les jumeaux. Avec toute une équipe de tournage, nous les gênerions. Une idée brillante est alors née, très spontanément. Ne serait-il pas bien plus raisonnable de réserver tout le terrain rien que pour nous, ont-ils dit à l'unisson ? Leur observation rationnelle a été prise en compte, et c'est ainsi que l'un des terrains de golf les plus prisés du monde a été réservé pour nous quatre toute une journée. Comme dans toutes les parties de golf qui nous ont opposés, les Weasley ont gagné. Sacré Gryffayots !

18

Drago et Harry

ou

Deux faces de la même pièce

Personne ne sait et personne ne saura jamais ce que c'est d'être Daniel Radcliffe. De tous ceux qui ont participé au projet *Harry Potter,* personne n'a subi plus de pression que lui. Dès lors qu'il a été engagé, sa vie d'enfant Moldu était finie, il ne pouvait plus vraiment en être un. On pourrait dire de même pour Emma et Rupert, mais pour Daniel, c'était encore un cran au-dessus. Après tout, il était le *Survivant,* mais il était aussi celui qui ne s'en remettrait jamais. J'ai eu le privilège, comme la plupart des adolescents ordinaires, de pouvoir faire des choix idiots. Le pire qui pouvait m'arriver, c'est d'avoir mon portrait accroché en Polaroïd sur un mur du HMV de Guildford. Pour Daniel, les conséquences de ce comportement de hooligan en herbe auraient été bien plus graves. Dès le premier jour, des gens le prenaient en photo, tentaient de l'enregistrer en secret, de le prendre sur le fait dans une situation compromettante ou de vulnérabilité. Jamais il ne leur en a laissé l'opportunité. Jamais il n'aurait pu. Tout le poids du film reposait sur ses seules épaules.

J'ai tant de respect pour la manière dont il a su gérer cette pression, et tant d'amour pour lui en tant que personne. De tous les grands noms que j'ai côtoyés pendant le tournage des *Harry Potter*, c'est de Daniel que j'ai le plus appris et c'est en lui que je me reconnais le plus.

Ça paraît bizarre, peut-être, d'autant que nous avions été engagés en raison des similarités entre nous et les personnages que nous incarnions. Harry et Drago sont ennemis dès le début après tout. Mais ce n'est pas comme ça que je le vois. Je dirais que Harry et Drago sont les deux faces d'une même pièce, et c'est aussi comme ça que je nous vois, Daniel et moi.

Au début, on gardait nos distances. Quand on se voyait sur le plateau, on se limitait à un salut très *british*, « Salut, comment vas-tu ? Tant mieux ! » avec un petit hochement de tête. Tandis que je travaillais mes blagues avec les Serpentard, Daniel travaillait tout court. On ne se croisait pas tant que ça. Et quand ça arrivait, ce qui me marquait le plus, c'était son intelligence acérée et sa mémoire éléphantesque pour des statistiques de cricket complètement obscures et tous les détails des *Simpson*. On s'asseyait sur nos balais entre deux prises tandis que l'équipe repréparait le plateau et on se faisait des petits quiz sur Springfield. Il était imbattable à ce jeu-là.

Avec les films, on est devenus de plus en plus proches. On s'est fréquentés davantage. J'allais chez lui de temps en temps pour regarder un match de cricket, manger une pizza et fumer trop de cigarettes. (On était vraiment de jeunes fumeurs bien trop précoces ! Tout visiteur de Leavesden qui se retrouvait derrière l'un des vieux hangars décrépis et regardait sous les échafaudages avait de bonnes chances de voir Harry, Drago et Dumbledore pelotonnés ensemble contre le froid, à boire du thé et à profiter de ce qu'on appelait par antiphrase une « bouffée d'air frais ».) Plus je connaissais Daniel, plus je nous trouvais de points communs. Lui et moi sommes très attentifs à ce qui se passe autour de nous, aux émotions des autres, très sensibles, facilement contaminés par les énergies qui nous entourent. Aujourd'hui encore, je me dis que si j'avais été un enfant unique comme Daniel, libéré de l'influence de mes trois grands frères, je lui aurais vraiment beaucoup ressemblé. À l'inverse, si Daniel avait connu l'influence de ces rebelles de Jink, Ash et Chris, je n'aurais pas été surpris qu'il finisse par me ressembler beaucoup. Il y a une certaine symétrie là-dedans, parce que je crois qu'on peut dire de même de Harry et Drago. Je ne pouvais pas le saisir au début de l'aventure, mais avec le temps et les films, c'est devenu de plus en plus évident. Et l'une des causes qui m'ont révélé cette évidence, je m'en rends compte aujourd'hui, c'est l'éclosion du talent d'acteur de Daniel.

Daniel serait le premier à admettre qu'au départ aucun de nous ne savait vraiment ce qu'il faisait. Lui et moi avions déjà été sur des plateaux, bien sûr, mais peut-on vraiment être bon à cet âge-là ? Cependant, Daniel souhaitait s'améliorer dès le début. Il observait toujours ses performances précédentes les sourcils froncés et avait cette qualité admirable de pouvoir jouer sans problème en mode autopilote, mais de ne pas le vouloir. Dès ses débuts, il a eu à cœur de devenir le meilleur acteur possible, et il a tout fait pour y arriver. Ce qui n'est pas facile quand on se retrouve à incarner Harry Potter, qui est à mon avis le rôle le plus difficile de tous. Harry a toujours été le socle, le support, le personnage fiable. Il fallait qu'il le soit pour que nous autres puissions danser tout autour. La réserve méprisante de Drago, les blagues de Ron, la vivacité intellectuelle de Hermione, la gentillesse touchante de Hagrid, la vilénie de Voldemort, la sagesse de Dumbledore : tout cela, c'est la solidité et la constance sans faille de Harry qui leur donne du relief. Il faut vraiment du talent pour les atteindre tout en attirant l'œil du public et sa sollicitude.

Daniel apprenait vite et il apprenait bien. Il est rapidement devenu très talentueux. Peut-être parce qu'il était entouré de génies, plus encore que nous tous, et que ça a déteint sur lui. Ou peut-être que la graine du génie était déjà en lui dès le départ. Quoi qu'il en soit, il a bien vite retenu l'attention de tout le monde dès qu'il montait sur le plateau. C'était très inspirant. On suivait son exemple. S'il avait fallu choisir quelqu'un pour nous mener à la bataille, ç'aurait été Daniel, comme Harry. Il nous poussait par son attitude à ne pas gâcher notre chance d'être là, tout en nous amusant beaucoup.

Même si je n'ai pas toujours suivi son exemple sur ce point, cette attitude consciencieuse a fini par me contaminer. J'ai plus appris en le regardant et en jouant à ses côtés qu'auprès de n'importe quel adulte. À un moment, il a fallu que le personnage de Drago se développe un peu, et si je suis arrivé tant soit peu à incarner ce développement, c'était en partie grâce à l'exemple de Daniel.

L'évolution de Drago ne m'a pas beaucoup préoccupé lors des premiers films. Il est établi dans *À l'école des sorciers* que Drago est un sale type. Dans *La Chambre des secrets*, nous découvrons ses privilèges : il a le meilleur balai et achète sa place dans l'équipe de Quidditch. C'est ce camarade de classe dont la première voiture est une Ferrari offerte par son père. Il paraît complètement dénué d'humanité. Toutefois, même si le monde des Moldus tout entier apprend à le détester, ce petit morveux ne bascule pas vers le pire. Si bien que j'ai passé l'essentiel des cinq premiers films à ricaner dans un coin. Dans ces conditions, il m'était inutile de trop penser au développement de Drago, puisqu'il ne changeait pas. Il restait toujours le même.

Et puis, dans *Harry Potter et le Prince de sang-mêlé*, tout a changé. À travers Drago, nous découvrons que les brutes sans cœur sont bien souvent celles qui ont été brutalisées. Très tôt dans le tournage, le réalisateur David Yates m'a pris à part. « Si on peut obtenir ne serait-ce qu'un pour cent d'empathie pour Drago, m'a-t-il dit, on aura gagné. Souviens-toi, tu projettes de commettre le pire crime de l'histoire des sorciers : tuer Dumbledore. Quand tu tiens cette baguette, tu détiens le pouvoir d'une armée entière. Il faut qu'on te comprenne. Il faut qu'on pense que tu n'as pas eu le choix. »

Drago Malefoy, c'est le garçon qui n'a pas eu le choix. Dominé par un père trop présent, manipulé par les Mangemorts, menacé par Voldemort, ses actes n'ont jamais été de sa seule volonté. Ce sont les actes d'un garçon dépouillé de sa liberté d'agir. Il ne pouvait pas prendre de décisions par lui-même et le tournant que prenait sa vie l'effrayait. La scène où tout cela devient criant est celle où Harry s'approche de lui alors qu'il est en pleurs au-dessus de l'évier, avant leur duel et le sort de *Sectumsempra* que lui lance Harry. C'est une des rares scènes que Daniel et moi avons tournée juste tous les deux et dont je ne mérite pas les félicitations qu'elle m'a values. Selon moi, tout son génie tient dans son écriture. Cela dit, si j'ai su hisser mon niveau de jeu pour donner corps à l'évolution de Drago, c'était en grande partie grâce à ce que j'avais appris en observant Daniel. Je n'aurais pas pu m'en sortir en restant le garçon qui ricane dans un coin. Il fallait que je trouve le moyen de mettre un peu de chair sur le squelette de ce personnage.

Selon moi, le parcours de Drago dans les derniers films tape au cœur d'un des principaux thèmes de *Harry Potter* : celui du choix. C'est un arc narratif qui atteint son apogée lors de la scène dans le manoir Malefoy. Harry est défiguré. On demande à Drago de l'identifier. Est-ce Harry Potter, oui ou non ? Le débat pour savoir si Drago le reconnaissait n'a pas eu lieu sur le plateau. Mon avis, c'est qu'il sait très bien que c'est lui. Alors pourquoi ne le dit-il pas ? Parce que le garçon qui n'a jamais eu le choix s'en trouve enfin un, je crois. Il peut choisir d'identifier Harry ou de faire ce qui est juste. Auparavant, à n'importe quel autre moment, il aurait vendu la mèche. Mais il comprend enfin ce que

Dumbledore a dit à Harry plus tôt dans l'histoire : ce sont nos choix et non nos aptitudes qui montrent ce que nous sommes.

C'est pour ça que je vois Harry et Drago comme deux faces de la même pièce. Harry est le produit d'une famille qui l'aime tant qu'elle est prête à mourir pour lui. Drago celui d'une famille qui l'intimide et le violente. Toutefois, quand on leur laisse la liberté du choix, ils prennent le même chemin.

19

Un coup dans le nez

ou

Crabbe, Hagrid et l'effrayant Tom en caoutchouc

Il y avait des centaines d'acteurs sur le plateau de *Harry Potter*. Certains que j'ai à peine vus. D'autres que j'ai bien connus. Je vous propose un petit tour de Poudlard, histoire de vous en présenter quelques-uns.

* * *

Je vous ai parlé du crochet du droit d'Emma Watson. En résumé : évitez-le. Mais ce n'est pas la seule à m'avoir fait manger un sandwich aux phalanges. Et puis parfois, c'est moi qui ai régalé.

Devon Murray jouait Seamus Finnigan. Il était toujours parfait dans les scènes, un vrai petit Seamus. Un débit de parole incroyable, malicieux mais gentil. Il m'a frappé au visage une fois, dans un magasin près du lieu de tournage. Je ne me rappelle plus pourquoi. J'avais peut-être fait une remarque ironique. Ou peut-être que je n'avais rien fait, que c'était juste pour un pari. On inventait tout un tas d'absurdités dans ce genre. Je me souviens d'une fois où quelqu'un a préparé une potion innommable à base de Coca, de lait et de grains de café et a proposé une livre à tous ceux qui en boiraient. Peut-être que, dans cet esprit, quelqu'un lui avait offert cinquante pence pour s'attaquer à moi. Cela n'avait rien de personnel. C'était du moins aussi peu personnel que peut l'être un poing dans la figure.

Jamie Waylett, qui jouait Crabbe, a reçu mon poing sur le nez, dans la Grande Salle, pour une raison puérile et pas plus personnelle. C'était le comportement de base des trois Serpentards, qui s'entendaient comme larrons en foire. Josh « Goyle » Herdman avait à peu près mon âge, mais Jamie avait quelques années de moins. Ça ne nous empêchait pas d'être proches, parce qu'il était très mature. Comme Josh et moi, il adorait le hip-hop et rappait avec grand talent. Mais il abritait parfois une certaine violence refoulée. On était proches, mais on se battait. En un sens, on se comportait dans la vie comme les personnages qu'on incarnait. C'était surtout de l'exubérance juvénile. Parfois, il me contrariait volontairement, je mordais à l'hameçon et la situation dégénérait. On tournait beaucoup de scènes communes, ce qui signifie qu'on a passé beaucoup de temps libre ensemble. Vous savez ce que c'est, quand des enfants qui ont passé la journée ensemble finissent par se chercher mutuellement. Et puis le lendemain, c'était comme si rien ne s'était passé. On était des enfants, voilà tout, juste un peu turbulents.

Un jour, cela dit, alors qu'on tournait dans la Grande Salle, j'avais Jamie à ma gauche à la table des Serpentards, Josh à ma droite, et Jamie n'arrêtait pas de me titiller. C'était fait sans malice et ç'aurait très bien pu être moi en une autre occasion, ou Josh. Mais là, Jamie me balançait des coups de pied sous la table, des coups de coude, il m'insultait dans sa barbe juste avant que les caméras se lancent. Je n'étais pas tout blanc moi-même quand il s'agissait de faire l'imbécile sur le plateau, mais j'essayais quand même de rester professionnel. De rester consciencieux. Une des choses que les adultes nous avaient martelées avec succès, c'était qu'une fois des heures passées à tout installer correctement pour un plan et les caméras prêtent à tourner, quoi qu'on fasse à ce moment-là, on se tait et on attend le mot magique : « Action ! » Ce n'est pas parce que la caméra n'est pas tournée vers toi que tu ne dois pas jouer. De fait, le jeu hors-champ est parfois aussi important que le reste. Les réactions, les lignes de vue et les dialogues sont autant de billes pour ceux qui se trouvent dans le champ. Pour une raison ou pour une autre, les enfantillages de Jamie m'agaçaient tout particulièrement ce jour-là, si bien qu'une milliseconde avant que retentisse le mot « Action ! », je me suis retourné et je lui ai envoyé mon poing dans le nez. Pas fort, juste assez pour que coulent quelques gouttes de sang. En plus c'est Josh qui s'est retrouvé pris à partie par les producteurs et sermonné pour avoir cherché Jamie. Sacré quiproquo. Désolé, Josh.

Quand on ne se chamaillait pas, Josh, Jamie et moi étions vraiment très proches. La plupart du temps, nous étions occupés à préparer une bêtise ou, quand ce n'était pas le cas, à succomber à notre passion pour la musique. J'avais installé un petit studio dans ma loge où nous avons enregistré pas mal de titres. C'était du gangsta rap aussi hardcore que pouvaient en cracher trois petits Anglais blancs Serpentard. Les enregistrements existent toujours. Les talents de parolier de Crabbe et Goyle m'ébahissent encore aujourd'hui, je les réécoute de temps en temps.

Cependant, avec le temps et les films, il est devenu clair que l'intérêt de Jamie pour les tournages déclinait. Il manquait d'enthousiasme, il paraissait même abattu. Il allait jusqu'à faire ce truc que je faisais à l'école, passer le fil de ses écouteurs dans sa manche pour écouter de la musique plutôt que le réalisateur. Cette attitude collait bien au personnage, puisque Crabbe se fiche de tout et de tout le monde. Mais il était devenu évident pour nous qu'il ne passait plus du bon temps pendant les tournages, que tout cela devenait difficile.

Et puis les choses se sont mises à mal tourner pour lui dans le monde réel. Après le tournage du *Prince de sang-mêlé*, il a eu des démêlés avec la justice. Pour les producteurs, après ça, c'était compliqué de le faire venir pour les derniers films. J'ai eu de la peine pour lui. Il avait été là depuis le début et, hormis nos chamailleries, on était bons copains. Cela faisait partie de son personnage de se moquer de l'autorité, mais quand cette attitude s'est invitée dans sa vie à lui, il n'y avait soudain plus de place pour lui sur le plateau. Je comprenais les raisons, bien sûr, mais c'était triste. Le trio originel des Serpentards n'était plus.

* * *

Robbie Coltrane, qui jouait Hagrid, était l'un des rares acteurs que j'ai reconnus le premier jour de tournage, grâce à ses rôles dans *GoldenEye* et *Cracker*[8]. Il comprenait mieux que personne le besoin de préserver un peu de légèreté à tout ça. Il était blagueur mais il était aussi celui sur lequel on blaguait. Ou plutôt, celui qui acceptait qu'on blague sur lui et dont les réactions n'avaient pas de prix. Pendant un temps, Daniel et moi faisions ce gag hilarant sur le plateau qui consistait à changer la langue du téléphone de tout le monde, rendant très

8. Série télévisée britannique de 1993 (NdT).

difficile de revenir au réglage de base. Robbie en a fait les frais plusieurs fois, tant sa réaction était chouette. Il plissait les yeux, regardait autour de lui et murmurait : « Qui est le petit con qui a fait ça ? » Il agissait comme s'il était prêt à tuer le coupable mais, en réalité, il ne faisait que rentrer dans l'état d'esprit de la blague. Robbie était toujours là pour nous rappeler que tout cela n'était pas d'une grande importance, que nous n'allions pas sauver le monde, que ce n'était qu'un film. Rien ne servait de monter sur ses grands chevaux, mieux valait pouvoir en rire de temps en temps. Il avait beaucoup de Hagrid en lui : le bon gros géant qui ne perd jamais de vue ce qui est important dans la vie.

Dans la scène du *Prisonnier d'Azkaban* où Buck attaque Drago, Hagrid doit prendre celui-ci dans ses bras. On avait employé toutes sortes d'astuces techniques pour que Hagrid ait l'air d'un vrai géant. Dans la plupart de mes scènes, Hagrid n'était pas joué par Robbie mais par Martin Bayfield, un joueur de rugby de deux mètres dix dans un énorme costume animatronic. (D'ailleurs incroyablement chaud. Jamie et moi nous sommes faits réprimander plus d'une fois pour nous être écroulés de rire à la vue de la vapeur qui sortait des oreilles de Hagrid.) Mais dans cette scène, le visage de Hagrid était bien visible, aussi, plutôt que de le rendre très grand, il a été décidé de me rendre tout petit. Ils ont créé une poupée Drago en modèle réduit qui faisait à peu près les trois quarts de ma taille et que Robbie porterait. Ce n'était pas un jouet, elle a exigé des mois de travail et des dizaines de milliers de livres, mais, naturellement, comme tous les enfants, j'étais enchanté à l'idée d'avoir un mini-moi avec lequel jouer. Mon plan a tout de suite été de l'emmener dans un parking, d'attendre qu'une voiture recule et de jeter la poupée sous ses roues. J'ai réussi on ne sait comment à m'en empêcher. Cela dit, ma mère était sur le plateau ce jour-là et j'ai vraiment fait tout mon possible pour l'effrayer avec ce Tom en caoutchouc particulièrement flippant. Robbie m'a bien aidé. Plus ma mère gémissait à la vue de son plus jeune fils immortalisé en mannequin, plus Robbie l'agitait en sa direction, au plus grand plaisir de tout le monde mort de rire. C'était du Robbie tout craché. Il avait un sens de l'humour très adulte, mais il savait aussi vraiment s'y prendre avec les enfants. (La poupée Drago a pris sa retraite depuis, elle finit ses jours au sein du parcours de visite des studios Potter à Leavesden.)

Robbie était adorable et attentionné. Dans le premier film, Hagrid emmène Harry, Ron, Hermione et Drago dans la Forêt interdite. Une partie de la scène était tournée dans le studio où ils avaient construit la forêt. Le reste était tourné en extérieur, de nuit. Je me souviens très bien de moi assis par terre sur une bâche en plastique à deux heures du matin dans une forêt glaciale avec Daniel, Rupert et Emma. Emma n'avait que neuf ans, elle s'était endormie en boule juste à côté de moi tandis que nous attendions qu'ils préparent le plan suivant. Alors que tout le monde s'affairait sans s'occuper de nous, c'est Robbie qui nous remontait le moral et s'assurait qu'on soit bien installés, au chaud.

Dans les dernières années, mes contacts avec Robbie se sont limités aux conférences de presse et aux tournées promotionnelles. C'est un vrai dingue de mécanique doté d'un savoir encyclopédique sur les moteurs, les voitures, les avions. Nous partageons cette passion. Mais, si j'attends toujours avec impatience de le retrouver en ces occasions, c'est surtout parce que je sais qu'on va rire et blaguer, c'est toujours garanti[9].

* * *

Disons-le clairement : Neville Londubat n'a jamais été censé devenir la star de l'histoire. Matthew Lewis, qui jouait Neville dès le début, collait très bien au rôle dans le premier film. Il avait les oreilles pour, le visage pour, l'accent attachant. C'était Neville de pied en cape.

Mais il y avait un petit problème. Chaque année, quand on se retrouvait pour le film suivant, Matthew était toujours un petit peu plus carré. Ce qui signifiait

---

9. Malheureusement, Robbie Coltrane est mort le 14 octobre 2022, peu après la rédaction de ce livre. Tom ne le reverra plus [NdT].

que, physiquement, il s'éloignait toujours un peu plus de Neville. Heureusement, c'est un très bon acteur, mais il est arrivé un point dans les derniers films où ils ont dû lui décoller les oreilles, lui ajouter de fausses dents et un costume rembourré pour qu'il cesse d'avoir l'air d'une baraque. Qui aurait cru que Neville puisse finir en couverture de *Canon Magazine* ?

Matthew est un bon exemple de ce qu'il y a de bon dans *Harry Potter*. C'est un type adorable, très humble, les pieds sur terre. Ses connaissances et sa curiosité pour toutes sortes de sujets garantissent des conversations passionnantes, ce qui fait de lui l'un de mes camarades préférés dès qu'il s'agit d'aller boire un coup. Comme moi, il n'aime pas trop revoir les films (personne ne prend plaisir à entendre sa voix enregistrée, si ?). C'est pourtant devenu un acteur impressionnant, doté d'une confiance tranquille en ses capacités. De tous les anciens de *Harry Potter* que je croise, Matthew est un de ceux que je préfère revoir. Toute rivalité Serpentard-Gryffayot est oubliée depuis longtemps.

* * *

Il y avait certains acteurs sur les plateaux qu'on n'aurait jamais pu reconnaître en dehors, alors que c'étaient de véritables légendes. Seulement ils avaient l'air, et je dis ça avec toute la gentillesse possible, de vieux types un peu décatis. John Hurt, qui jouait Ollivander, était l'un d'eux. Je suis aujourd'hui un très grand fan, surtout de sa performance dans *Midnight Express,* mais à l'époque, je n'avais aucune idée de qui il était. Vous n'auriez pas dit, en le regardant, qu'il faisait partie des plus grands.

On pouvait dire de même de David Bradley, qui jouait Rusard. C'était l'opposé de son personnage : il n'y avait rien d'inquiétant ni de sinistre chez lui. Là où certains acteurs réclament l'attention dès qu'ils s'approchent du plateau, David était toujours discret. Il s'asseyait dans un coin en silence, un véritable modèle de calme. J'ai beaucoup appris en le voyant se métamorphoser en l'abominable Rusard, affichant cette incroyable expression de mépris et de dégoût. J'ai toujours adoré son jeu. Il aimait vraiment son métier.

Un jour, j'étais sur le plateau et j'ai vu un autre de ces vieux décatis, en jean et T-shirt. Je l'avais déjà aperçu à l'occasion et je l'avais pris pour un membre de l'équipe de nettoyage. Qu'y puis-je ? Il avait exactement ce look. On était devant la Grande Salle et j'ai jugé que ça lui ferait plaisir d'être complimenté sur son travail. J'ai fait couiner mes chaussures sur le sol en béton poli, j'ai brandi mon pouce en l'air et j'ai dit : « Super boulot, mec ! » Il s'est retourné pour voir si je ne parlais pas à quelqu'un derrière lui, a froncé les sourcils et n'a rien répondu.

Plus tard le même jour, je me faisais coiffer quand il est entré dans la loge du maquillage. Il faisait visiter les lieux à des amis ou à de la famille. Un peu étrange, ai-je pensé, pour un membre de l'équipe de nettoyage. Alors j'ai eu la sensation d'avoir commis un terrible faux pas et j'ai demandé, dès qu'il est sorti de la pièce : « Qui est-ce ?

— Qui ?

— Lui ! »

Tout le monde a rigolé.

« Mais c'est Gary Oldman ! »

J'ai eu terriblement honte quand j'ai pris conscience de ma méprise. J'ai voulu m'excuser, même s'il avait l'air de s'en moquer totalement, mais j'ai finalement opté pour la facilité : j'ai ignoré mon erreur et fait comme si j'avais su qui il était depuis le début. Pour ma défense, il ne paraissait pas du tout être une star de ce calibre. Il n'avait l'air de rien, il se comportait de manière tout à fait ordinaire, du genre à faire du thé pour tout le monde plutôt qu'à attirer l'attention.

Tout comme Sirius est devenu un père pour Harry, j'ai senti que Gary devenait une source d'inspiration pour Daniel. Il l'a aidé à naviguer entre les dangereux écueils d'une jeunesse passée sous les projecteurs, en même temps qu'il l'aidait à travailler ses talents d'acteur. Ils partageaient aussi, je crois, un certain sens de l'humour et une approche générale face aux autres, acteurs et équipes de tournage. Certains d'entre nous, dont moi, étaient un peu jaloux de cette connexion entre eux. Nous pouvions voir que, en partie grâce à l'influence de Gary, Dan apprenait le métier mieux que nous. Que rêver de mieux pour ça qu'avoir Gary Oldman à ses côtés ?

* * *

Warwick Davis était un autre de ces rares acteurs que j'ai reconnus dès le premier jour, parce que j'étais fan de *Willow* (c'est aujourd'hui le nom de mon chien de quatre ans, un labrador obsédé par les écureuils qui a un puits sans fond à la place de l'estomac). Il était là dès le premier film dans le rôle du professeur Flitwick. Il a eu d'autres rôles ensuite. Il était toujours calme, charmant et drôle avec les enfants. C'est devenu un ami cher, dont j'adorais le moyen de locomotion sur le plateau. En raison de sa petite taille, il mettait plus de temps que nous à le traverser, même quand on était enfants. Il a donc apporté un Segway modifié pour s'y déplacer plus vite. Il était coupé à la bonne taille, et on ne lisait plus que « egway » sur l'étiquette. C'était un sacré truc de voir Flitwick ou Gripsec nous dépasser en nous adressant un salut nonchalant et un mot gentil. « Bonjour les gars ! » Mais on était habitués aux visions étranges, plongés qu'on était au sein des personnages et des accessoires du monde des sorciers...

20

Un mot gentil de Dumbledore

ou

Une bouffée d'air frais

Comme chacun sait, nous avons eu deux Dumbledore. Richard Harris l'incarnait dans *À l'école des sorciers* et *La Chambre des secrets*, puis il est mort, malheureusement, et Sir Michael Gambon l'a remplacé.

À l'époque, je n'avais pas idée de la stature légendaire de Richard Harris, car je jouais bien peu avec lui. Il ne m'a dit que trois mots. Il m'a pris à part entre deux scènes juste à la sortie de la Grande Salle, m'a regardé exactement comme l'aurait fait Dumbledore et m'a dit : « Tu es doué. » Rien de plus. Je ne crois pas qu'il voulait se payer ma tête. Je n'avais pas conscience à ce moment que je venais de recevoir des louanges de la part de l'un des plus grands. Est-ce que je me trouvais doué ? Eh bien, je sentais que je ne faisais pas ce que tout le monde faisait. Drago ne suit jamais le troupeau. Si tous les élèves se rangent de ce côté-ci, Drago ira de ce côté-là. Ils ont l'air débraillés, lui a l'air parfait. Leurs derniers boutons de chemise sont défaits, lui est boutonné jusqu'en haut (ce que je détestais alors ; quel ado qui se respecte veut garder son uniforme impeccable ?). Le personnage rendait facile pour moi de me distinguer.

Est-ce la même chose qu'être doué ? Est-ce que je méritais ces mots gentils du Dumbledore des origines ? La vérité, c'est que tout cela est complètement subjectif. Nous savions tous, y compris Daniel, Emma et Rupert, que nous avions tout à apprendre. Oui, nous savions déjà qu'il ne faut pas regarder droit dans l'objectif de la caméra et comment trouver nos repères, mais ce n'est que grâce à la qualité des acteurs qui nous entouraient que le rendu était potable. Comme tout le monde et comme dans tous les domaines, j'avais de bons moments et d'autres qu'il valait mieux oublier rapidement.

L'arrogance de Tom contribuait parfois à rendre Drago vivant, parfois non. Dans *La Chambre des secrets*, Harry et Ron boivent du polynectar pour se transformer en Crabbe et Goyle, puis suivent Drago chez les Serpentards. Harry a oublié d'ôter ses lunettes, ce qui nous mène à un bel exemple du génie de Chris Columbus. Au moment où Goyle explique qu'il porte des lunettes parce qu'il était en train de lire, Chris m'a demandé d'improviser ce qui allait devenir une de mes répliques préférées de Drago. Après la troisième prise, Columbus est apparu tout excité, il venait d'avoir une illumination. Il s'est glissé jusqu'à moi, m'a pris à part et m'a murmuré une réplique cinglante à l'oreille. « Quand il explique qu'il porte des lunettes parce qu'il lisait, tu lui réponds : “Je ne savais pas que tu savais lire.” » On a échangé un sourire et on a tourné la prise qui finirait dans le film. Je l'ai tout de suite su quand Chris a hurlé de rire après avoir crié « Coupez ! »

La scène suivante, à l'inverse, n'a pas été l'un de mes plus grands moments. Nous entrons tous les trois dans la salle commune des Serpentards, Drago en tête, lisant *La Gazette du sorcier*. Drago tient ensuite un long monologue. Je ne connaissais pas du tout mon texte ce jour-là et ça leur a coûté plusieurs heures de tournage. J'ai écopé d'une sévère réprimande de David Heyman et ma mère a même reçu un coup de fil lui expliquant que je *devais* apprendre mes textes, sinon... Ils ont fini par imprimer des bouts du script et par les coller à l'intérieur du journal pour que je puisse les lire. Je doute que Richard Harris ait été très impressionné par ma performance s'il y avait assisté ce jour-là.

Avec l'expérience, j'ai commencé à comprendre que cette notion d'être bon ou mauvais dans une scène est plus nuancée qu'on le croit souvent. On a beau être complètement dedans, tant qu'on n'interagit pas avec les autres acteurs de la scène, ce sera raté, tout comme taper le plus fort possible dans une balle de tennis ne garantit pas de gagner le match. Il n'y a pas de bon ou de mauvais jeu isolé, ce qui compte, c'est la performance d'ensemble. C'est aussi une question de contexte, d'interprétation et d'opinions. Si Rupert avait joué Drago et moi Ron, les films auraient-ils été différents ? Meilleurs ? Pires ? Oui, oui et oui. Tout le monde aura un avis différent.

Je garde donc un souvenir ému de ce mot gentil du Dumbledore des origines, mais je le prends aussi avec un peu de recul. Le plus gros de ce que je faisais passer dans les premiers films est issu de l'arrogance d'un enfant à l'aise devant les caméras. Le compliment m'a fait du bien, mais je ne perds pas le contexte de vue.

* * *

J'ai eu beaucoup plus à faire au deuxième Dumbledore qu'au premier. Richard Harris et Michael Gambon étaient deux personnalités très différentes dans la vraie vie. Richard Harris me rappelait mon grand-père de bien des façons. Il paraissait chaleureux et dépositaire d'une sagesse tranquille, ce qui allait très bien avec le rôle. Michael Gambon était plus spectaculaire. Il jouait peut-être un vieux sorcier, mais il avait le cœur d'un jeune garçon. Il se moquait de lui-même mais, vu son âge et son statut, il pouvait à peu près tout dire, même des énormités, sans qu'on lui en tienne rigueur. Il adorait les histoires drôles et les blagues, et je crois qu'on le ressent dans son interprétation du personnage. Il a fourni à mon avis une performance proprement incroyable, particulièrement dans *Le Prince de sang-mêlé*.

Surtout, il était très drôle. L'une des grandes lois du tournage, c'est qu'il était interdit de se rendre au studio en conduisant soi-même, pour des raisons d'assurance, me semble-t-il, mais surtout parce que la production savait que la moitié des acteurs arriveraient en retard s'il n'y avait pas un chauffeur qui les attendait en bas de chez eux à six heures et demie du matin, prêt à les amener au boulot. Quand il faut regrouper trente personnes sur le plateau, ça vaut mieux. Toute règle admet une exception, cela dit. Ici, l'exception était Michael Gambon. C'est un fou de voitures. Il a eu une Audi R8 flambant neuve à un moment donné, puis une Ferrari. Il conduisait lui-même pour aller au studio et se garait juste devant la porte 5, ce qui était à peu près l'endroit le moins bien choisi possible. J'entendais le moteur vrombir en pleine séance de teinture de cheveux et, croyez-moi, je me levais d'un coup et courait dehors, la tête recouverte de peroxyde et de papier d'aluminium, pour voir arriver la voiture de Gambon. Il laissait même les enfants s'asseoir dedans.

Je suis certain qu'il enfreignait beaucoup de règles, mais qui allait le lui reprocher ? C'était Dumbledore, après tout.

Gambon aimait jouer les imbéciles. Il faisait souvent semblant de ne rien comprendre (« Quelle scène joue-t-on, déjà ? », « Où est-on ? », « Comment s'appelle mon personnage, au fait ? »), je suis sûr qu'il nous faisait marcher. Il lui arrivait de ne pas être parfaitement au point pour ses répliques. On a même dû lui accrocher d'énormes pancartes derrière la caméra, une fois, ce qui m'a un peu soulagé au sujet de mes propres failles occasionnelles en ce domaine. Ça ne veut pas dire qu'il n'était pas pris au sérieux. Il l'était, tout particulièrement par moi quand est venu le moment de tourner ce qui est peut-être la scène la plus importante et la plus mémorable de Drago : en haut de la tour frappée par l'éclair dans *Le Prince de sang-mêlé*. Il y a beaucoup de scènes dans ce film où Drago est seul avec des adultes et c'était la plus ambitieuse d'entre elles. Drago tient Dumbledore sous la menace de sa baguette et cherche à rassembler le courage d'exécuter l'ordre de Voldemort de tuer le directeur.

Je n'étais pas vraiment nerveux avant le tournage. J'avais hâte. Mais je savais que c'était mon moment. J'avais l'habitude de venir aux répétitions avec tous les autres enfants, on ne m'avait jamais demandé de venir seul. C'est arrivé pour cette scène et j'y ai pris beaucoup de plaisir. Jusque-là, la direction d'acteur me concernant s'était en gros limitée à « Jette des papiers gras dans un coin en prenant un air mécontent » ou « Fixe la balle de tennis et imagine que c'est un dragon ! » C'était chouette d'avoir enfin un moment important dans le film, une scène dans laquelle je pouvais me projeter. Je l'ai bien répétée, jusqu'à connaître mes répliques absolument par cœur.

Le grand jour est arrivé. Pour une raison que j'ignore malgré ma bonne préparation, j'ai trébuché à plusieurs reprises sur une réplique. C'est curieux mais, une fois que ce mécanisme s'enclenche, il est très dur d'en sortir. Dans la tête, une petite voix se fait entendre qui demande : « Tu connais ces répliques. Tu es resté éveillé toute la nuit à les réciter. Pourquoi tu n'y arrives pas ? » Une fois que cette voix commence, plus de retour en arrière possible. C'est comme un fou rire en plateau. On a fait trois ou quatre prises, peut-être plus, et à chaque fois je me suis embrouillé. On a fait une pause et Gambon a sorti une cigarette de sa barbe comme par magie. On nous voyait souvent lui et moi devant le studio où se trouvait la tour d'astronomie, à prendre une « bouffée d'air frais ». Là, au milieu des peintres, des plâtriers, des charpentiers et des étincelles, Dumbledore et moi en train de fumer une clope en douce. « Une bouffée d'air frais, l'ami ? » a-t-il suggéré.

On est sortis, Gambon en robe, sa barbe dans une chaussette (surtout pour conserver sa forme, mais aussi parce qu'il avait très peur de l'enflammer avec sa cigarette), moi dans mon costume noir. On a allumé nos clopes, pris quelques bouffées et je lui ai présenté des excuses. « Je suis désolé, Michael. Je connais mon texte, je t'assure. Je ne sais pas pourquoi je m'embrouille à chaque fois. Je suis un peu à cran, là. »

Il a fait un gentil geste de la main pour m'arrêter, mais les excuses continuaient d'affluer. « Vraiment, je ne sais pas ce qui ne va pas. Je ne sais pas pourquoi je n'y arrive pas. » Il a souri et m'a dit : « Cher enfant, as-tu la moindre idée de ce qu'ils me versent chaque jour ? Si tu continues à foirer à ce rythme, je vais pouvoir me payer une nouvelle Ferrari la semaine prochaine. » Il était absolument impassible, je ne percevais pas la moindre trace d'humour. « Continue comme ça, mon garçon. »

A-t-il dit ça pour que je me détende ? Je ne sais pas. Ce que je sais, c'est que la pression est retombée d'un coup. On est retourné sur le plateau et, à partir de ce moment, tout a roulé comme sur des roulettes. Pour la deuxième fois, Dumbledore m'avait dit un mot gentil. Les méthodes de Michael Gambon pour encourager un jeune acteur étaient très différentes de celles de Richard Harris, mais elles fonctionnaient bien.

On ne sait jamais, avant d'avoir vu le film achevé, combien il comportera de scènes dans lesquelles on joue. Parfois presque aucune. C'était donc très gratifiant de regarder *Le Prince de sang-mêlé,* parce que toutes mes scènes s'y trouvent. C'est une chouette sensation. M'étais-je montré digne du compliment de Richard Harris ? Comme vous le savez maintenant, j'ai des réserves à déclarer que telle performance est bonne ou mauvaise, tant d'autres facteurs sont en jeu. J'ai reçu beaucoup de félicitations mais, en vérité, même si le résultat me plaisait, j'ai senti que je ne les méritais pas. Quasiment toute la force de cette scène vient de sa réalisation et de sa place dans l'histoire, des facteurs que je ne contrôlais pas du tout.

Entre le tournage du film et son visionnage, j'avais changé d'adresse. J'avais quitté la maison de ma mère et je vivais dans mon propre appartement dans le Surrey, avec mon chiot adoré, Timber. Mon vieil ami Whitey avait emménagé à mon ancienne adresse. Il m'a appelé un jour pour me dire que j'avais reçu une lettre. J'ai tout de suite pensé à une amende de stationnement, mais il m'a dit qu'il l'avait ouverte par erreur et qu'elle venait d'un certain Jo.

Un certain Jo ?

« Il y a une chouette en haut de la page. »

J'ai tilté. « Qu'est-ce que ça dit ?

— Je sais pas, je l'ai pas lue.

— Eh bah lis-la !

— Un truc à propos d'un *Prince de sang-mêlé*. »

Il n'est pas exagéré de dire que Whitey n'a rien d'un fan.

« Garde la lettre, j'arrive. »

Je n'avais plus eu de nouvelles de Jo Rowling depuis des années. La lettre était écrite sur son magnifique papier doré. Elle m'y disait combien elle était satisfaite du film et me complimentait sur ma performance. Inutile de dire que tout cela a fini dans un cadre que je conserve encore. Sans le discours remotivant de Michael et ses méthodes pas très orthodoxes durant notre petite bouffée d'air frais, le résultat aurait été bien différent.

21

Les lobes d'Alan Rickman

ou

Ne marchez pas sur mon p*tain de manteau !

C'est le sixième film, *Harry Potter et le Prince de sang-mêlé*. Rogue vient de tuer Dumbledore. Lui, Drago, Bellatrix et tout un aréopage de Mangemorts traversent la Grande Salle, fuyant Poudlard. Les enjeux ne pourraient être plus élevés.

David Yates, le réalisateur, a une vision : une formation en V, Rogue en pointe, les autres derrière lui disposés comme des quilles de bowling ou des oies migratoires. Helena Bonham Carter en a une autre. Elle veut danser sur l'une des longues tables et tout dégager à coups de pied en criant et en riant comme une folle. C'est génial, comme à son habitude : Bellatrix passe vraiment pour une dingue absolue. Mais nous avons du mal à caler la prise pour nous autres. Nous en tournons deux dans lesquelles nous traversons très vite la Grande Salle, l'équipe de caméramans marchant à reculons devant nous. Mais ça ne va pas. Alan Rickman est parfaitement net mais nous autres plutôt flous. On est trop loin derrière, c'est le problème. David Yates nous demande de nous rapprocher d'Alan.

Dès le début, Alan avait proposé quelques recommandations pour le costume de Rogue. Il lui fallait à son avis des tissus très longs, qui flotteraient derrière lui. Cela incluait un manteau qui plissait au sol derrière lui quand il se déplaçait, comme la traîne d'une mariée. Dès que David nous a donné cette nouvelle instruction, juste avant que les caméras tournent, Alan s'est tourné vers nous. Ses yeux étaient sévères, ses lèvres pincées. Il avait un sourcil légèrement levé. N'importe quel élève de Poudlard confronté à ce regard de Rogue en aurait eu les jambes en compote. Je ne vais pas mentir, même nous, acteurs, ne passions pas un bon moment, suspendus à ce qu'il allait dire. Il a parlé comme Rogue, détachant bien tous les mots, une phrase pleine de sens et ponctuée de longs silences douloureux.

« Ne... »

Silence. Nous avons échangé quelques regards. On se demandait : *ne quoi ?*

« Marchez... »

Nous avons regardé nos pieds. Puis retour sur Alan.

« Pas... sur mon... putain... »

Nous avons cligné des yeux. Puis cligné encore.

« De manteau. »

Nous avons eu un rire nerveux. Alan ne riait pas. Il nous a lancé à tous un regard glaçant, puis il a tourné les talons, son manteau s'envolant comme une chauve-souris derrière lui. Libérés de son emprise, nous, les Mangemorts, nous sommes regardés et l'un de nous a murmuré : « Il est sérieux ? » Il l'était. *Mortellement* sérieux. Il nous était interdit, sous aucun prétexte, de marcher sur son putain de manteau.

Nous avons démarré une nouvelle prise, cette fois mieux regroupés. Et qui doit marcher juste derrière Rogue ? C'est Drago, bien sûr, et ses pieds seront à une poignée de centimètres de l'ourlet traînant du manteau tandis qu'ils traversent à toute allure la Grande Salle. Le réalisateur nous donne ses instructions. « Tête haute ! » lance-t-il. « Ne regardez pas vos pieds. Il faut qu'on voie vos visages ! »

Ce qui veut dire qu'il sera impossible de surveiller l'ourlet du manteau d'Alan. Je me sermonne intérieurement avant la prise. *Ne marche pas sur le manteau. Ne marche pas sur le manteau. Ne marche pas sur le...*

« Action ! »

Alan avance. Nous suivons.

Un pas...

Deux pas...

Trois pas...

Le manteau d'Alan était accroché à ses épaules par un cordon qui lui passait autour du cou. Quand j'ai immanquablement marché sur l'ourlet, nous n'avions pas encore atteint la moitié de la Grande Salle. Sa tête a été retenue vers l'arrière. Pendant un terrible instant, j'ai cru qu'il allait perdre l'équilibre. Son cri étranglé a résonné tout autour du plateau.

« *Argh !* »

« Coupez ! »

Silence.

Avec précaution, j'ai ôté mon pied de l'ourlet. Alan s'est retourné. Lentement. Je lui ai fait mon sourire le plus désolé.

« Je suis désolé, Alan », ai-je couiné.

Alan n'a rien dit.

« Je... Je ne voulais vraiment pas... », ai-je bégayé.

Alan n'a rien dit. Il m'a tourné le dos. *Merde,* ai-je pensé. *Je l'ai vraiment énervé.*

Un membre de l'équipe a crié : « On y retourne ! » On est retournés docilement jusqu'à nos repères de départ. Je me suis de nouveau sermonné. *Mais putain, Felton. Ne marche pas sur le manteau. Ne marche pas sur le manteau. Ne marche pas sur le...*

« Action ! »

Cette fois, vous pensez bien que je faisais de minuscules pas derrière Alan au sein de cette nouvelle procession du convoi de Mangemorts. Je fais un tout petit pas...

Deux tout petits pas...

Trois tout petits pas...

« *ARGH !* »

Cette fois c'était pire. Tout le corps d'Alan a plongé vers l'arrière et il a dû faire l'hélicoptère avec les bras pour garder l'équilibre.

« COUPEZ ! »

Horrifié, j'ai regardé mes pieds. Je ne pouvais quand même pas avoir *encore* marché sur l'ourlet. À mon immense soulagement, ce n'était pas le cas. Cette fois, c'était un de mes camarades Mangemorts qui avait marché trop près. Alan était furieux.

« Je... », annonça-t-il.

« Ne... », déclara-t-il.

« La... referai... pas... *Merde !* »

Après quelques négociations avec le réalisateur, Alan a bien voulu refaire un essai. Les Mangemorts et moi avons échangé un regard paniqué. Heureusement, lors de la troisième prise, personne n'a marché sur son putain de manteau. Toutefois, si vous trouvez que le manteau de Rogue a l'air de l'étrangler un peu dans cette scène, vous savez pourquoi !

* * *

Dans la scène suivante, Rogue et les Mangemorts s'échappent dans la cour du château. La cabane de Hagrid est incendiée. Harry et Rogue combattent juste avant que Rogue lui révèle qu'il est le Prince de sang-mêlé.

Tout ce plateau d'extérieur avait été construit à Leavesden : une énorme colline, comme un terrain de football penché. Nous avons tourné de nuit. Helena était quelque part en arrière-plan à jouer la folle, à danser comme une dingue après la dizaine d'espressos qu'elle avait enchaînés toute la soirée. Alan et moi étions au milieu du champ, nous attendions Daniel.

Dans la préparation d'une prise, il y a un moment qui peut être gênant. L'équipe met tout en place et installe les acteurs à un endroit bien précis. Ils devront se regarder fixement afin que les techniciens puissent régler l'éclairage. Après, entre les prises, pendant que l'équipe vérifie ce qu'elle a tourné, c'est pareil : on reste plantés comme des piquets à attendre patiemment la reprise. Ce n'est pas toujours très confortable de fixer comme ça quelqu'un qu'on ne connaît pas forcément bien. J'ai donc tendance à adopter l'astuce du lobe d'oreille : je regarde mon collègue dans le lobe de l'oreille plutôt que dans les yeux. Ça rend la situation moins gênante et ça préserve la fraîcheur pour la prise proprement dite.

Ce soir-là, j'ai beaucoup regardé les lobes d'Alan Rickman. On sortait d'une prise, on attendait le verdict du réalisateur. Ça prenait du temps. On se retrouvait enveloppés de silence, un long silence gênant. En tout cas, gênant pour moi. J'ai toujours eu l'impression que les silences ne dérangeaient jamais Alan. Le silence, en fait, était son mode d'existence privilégié. À ce moment, j'avais déjà passé des années sur les plateaux en sa compagnie, mais j'étais encore sur mes gardes face à lui. Et puis j'avais marché sur son putain de manteau, ça n'avait pas aidé.

Cependant, ainsi debout dans la nuit froide, j'ai senti la compulsion toute britannique de remplir ce silence. Ça n'aurait pas dû être un problème, mais ça en devenait un pour moi. J'ai donc rassemblé le courage de lui dire : « Alors Alan, comment ça va ? Tout va bien ? Tu te sens bien ? »

Cinq longues secondes de silence se sont éternisées. Dix secondes, plus longues encore, ont passé. M'avait-il entendu ? Devais-je répéter la question ? Là, il a lentement tourné la tête et m'a dévisagé comme seul Rogue savait le faire. J'ai retenu ma respiration. Je me demandais comment j'avais bien pu réussir à l'offenser. Un cri de Helena a alors retenti en arrière-plan. Le vent soufflait. Il faisait froid, on était crevés et on n'avait pas le droit de bouger de ce repère sur lequel nos pieds étaient plantés depuis trois heures. Ce n'était pas vraiment le tapis rouge d'Hollywood.

Très lentement, très distinctement, Alan a déclaré : « Je suis... *au top.* »

Puis il a tourné la tête et a regardé ailleurs. Mais j'ai aperçu l'ombre d'un sourire sur ses lèvres. Je me suis rendu compte que, loin d'être ce personnage terrifiant que j'avais toujours envisagé, Alan était un homme doté d'un formidable sens de l'humour glacé. Il ne servait à rien d'être sur ses gardes avec lui, loin de là. Il fallait au contraire profiter du temps qu'on passait avec cet homme intelligent, brillant, fascinant.

* * *

Au début du film, on vous donnait une chaise de réalisateur, avec votre nom inscrit sur le dossier. C'était la chaise qui vous suivrait pendant toute la durée du tournage.

Un jour, Alan Rickman était assis avec Helena Bonham Carter, Helen McCrory, Jason Isaacs et Michael Gambon. Même à l'aune des films *Harry Potter,* c'est un sacré paquet de poids lourds. C'est la *crème de la crème** du cinéma britannique. Ils étaient assis dans leurs confortables chaises de réalisateur. J'avais une chaise pliante bien plus petite que les leurs. Sur les grandes, mes pieds n'auraient jamais touché le sol dans les premiers films. Immédiatement, Alan s'est levé. Il est allé vers un des assistants réalisateurs, il m'a pointé du doigt et a exigé qu'on m'apporte une vraie chaise de réalisateur pour que je puisse m'asseoir à la même hauteur qu'eux. Je me suis d'abord demandé si ce n'était pas une blague, mais il est vite devenu évident qu'il était très sérieux. « Alan, ai-je dit, c'est bon, j'aime bien m'asseoir dans ma petite chaise. » Il refusait de m'entendre. Il n'a pas fait d'esclandre, il n'a pas été impoli, il a juste insisté calmement pour qu'on m'amène une chaise de la même taille que les autres.

Ce n'était qu'une petite attention, mais je n'oublierai jamais cet instant de gentillesse. Alan voulait qu'un acteur plus jeune soit traité à l'égal des stars présentes. Ce n'était pas nécessaire, mais le fait qu'il s'en soit donné la peine en dit long sur l'homme qu'il était.

* * *

Je repense souvent à cette histoire de la chaise de réalisateur, depuis la mort d'Alan. Et pas seulement la sienne. Richard Harris, John Hurt, Helen McCrory..., la liste des acteurs de *Harry Potter* qui ne sont plus parmi nous s'allonge inexorablement. Quand je pense à leur mort, je me retrouve au purgatoire, car ce n'est qu'aujourd'hui, parvenu à l'âge adulte, que je commence à mesurer leur influence sur moi et la chance de les avoir eus comme modèles.

On remarque à peine le passage du temps. Il m'arrive encore de penser à moi comme ce garçon qui volait des

DVD au HMV. Et puis, à d'autres moments, je me rends compte que je ne suis plus du tout le même. Je rencontre des fans qui sont plus proches de leur naissance que de mon âge. Aujourd'hui, la plupart n'étaient même pas nés à la sortie des premiers films. Je me retrouve sur des plateaux où, loin d'être parmi les enfants turbulents, je fais partie des vétérans. C'est dans ces moments, quand je juge important de bien me comporter, que je m'aperçois de la bonne influence qu'ont eue sur moi ces acteurs avec lesquels j'ai grandi et qui m'ont précédé dans ce rôle. Une fois de plus, la vie est le miroir de l'art, ça me frappe. Dans les *Harry Potter*, on jouait des sorciers jeunes et sans expérience qui venaient à l'école pour apprendre la magie grâce aux plus grands, puis un peu de leur grandeur déteignait sur nous, si bien que, sept ans plus tard, on est devenus des adultes pas trop empotés. C'était pareil dans la vie. Les producteurs ont choisi un paquet d'enfants acteurs, à l'état brut, complètement amateurs, n'ayant aucune idée de ce qu'ils faisaient, franchement. Mais laissez-les traîner quelques années avec la crème de la crème de la comédie britannique et ils apprendront bien un truc ou deux.

C'est ce qu'il s'est passé. Mais sans maladresse. Personne ne m'a pris à part pour me dire : « Mon garçon, c'est comme ça qu'il faut se comporter sur un plateau. » J'ai autant appris de ce que ces artistes *ne faisaient pas* que de ce qu'ils faisaient. Ils ne demandaient aucun traitement de faveur. Ils ne haussaient pas le ton, ne faisaient pas d'esclandre. Ce n'est que bien plus tard que j'ai appris que ce n'était pas toujours la norme. J'ai été sur des plateaux, surtout aux États-Unis, où un acteur peut se pointer volontairement avec une heure de retard histoire de montrer qui est le chef, ou par oubli pur et simple. Où il ou elle va crier « Coupez ! » en plein milieu d'une scène alors que ce n'est pas du tout de son ressort. C'est à l'opposé du calme, de la politesse, de l'autorité britanniques constructifs dont mes mentors faisaient preuve. Ça me surprend toujours, quand j'entends des remarques sur mon comportement en tournage, qu'on puisse considérer comme acceptable de ne pas montrer le respect le plus élémentaire envers les gens qui nous entourent. C'est une chose que j'ai apprise de personnes comme Alan. Et ces personnes sont à mon avis une des raisons principales pour lesquelles nous ne sommes pas devenus des connards en grandissant. Nous les avons vues traiter tout le monde avec gentillesse, patience et respect. Alan proposait régulièrement de servir le thé à toute l'équipe. Il nous parlait, à nous les enfants, et surtout à tous les membres du plateau, depuis les caméramans jusqu'au personnel de cantine, de la même manière qu'aux autres stars présentes. Quand il s'imposait, par exemple quand on marchait sur son manteau, c'était toujours avec une petite étincelle dans l'œil. Elle était parfois difficile à discerner, mais elle était toujours là.

Maintenant que je suis plus âgé, j'aimerais tant remercier ces acteurs qui nous ont quittés pour tout ce qu'ils ont fait pour nous. Grâce à leur exemple, nous sommes restés humbles et de bonne composition. Je leur en saurai toujours gré.

22

Ennemi public numéro un (troisième partie)

ou

Le meilleur et le pire chaperon du monde

Tout enfant sur un plateau doit avoir un chaperon. C'est la loi. Et c'est normal. Pas facile de garder un œil sur tout le monde quand des centaines d'enfants gambadent de partout. Les chaperons sont là pour assurer la sécurité et le respect de l'épaisse législation qui édicte ce qu'un enfant acteur peut et ne peut pas faire durant une journée de tournage. Au premier chef : les horaires. Ils doivent garantir que les enfants ne restent pas sur le plateau plus de trois heures de suite et qu'ils reçoivent bien les heures de cours prévues. Ils doivent ensuite s'assurer qu'ils mangent bien et qu'ils ne se créent pas d'ennuis. Certaines de ces règles peuvent paraître ridicules à l'occasion. Ils sont censés accompagner les enfants aux toilettes, par exemple, si bien qu'ils savaient toujours où et quand je répondais à mes besoins naturels.

Certains d'entre nous, dont Emma et Rupert, étaient surveillés par des chaperons professionnels. C'était leur métier et ils cochaient avec rigueur toutes les cases qu'il fallait cocher, se pliaient à toutes les obligations auxquelles il fallait se plier. D'autres étaient surveillés par des membres de leur famille. Daniel, par exemple, avait son père Alan comme chaperon. J'avais mon grand-père qui gardait sur moi un œil bienveillant (en plus de m'apprendre à sourire en coin), et ma mère, qui avait de toute façon l'habitude de m'accompagner sur les plateaux.

Et puis, comme personne d'autre n'était disponible au moment du tournage du *Prisonnier d'Azkaban*, quand le désespoir s'installait, j'avais mon frère Chris. De mon point de vue d'enfant, c'était le meilleur chaperon possible. D'un point de vue plus objectif, c'était le pire chaperon de l'histoire du cinéma.

Je vous ai déjà raconté notre habitude de passer toute la nuit à pêcher avant de revenir sur le plateau en faisant semblant que j'étais frais et dispos après huit bonnes heures de sommeil. Durant ces nuits blanches, Chris m'a plus appris que la pêche à la carpe. Il a aussi enseigné au Tom de quatorze ans comment rouler un joint. Sans surprise, je suis vite passé du cours de préparation à la consommation partagée. Comme je l'ai déjà dit, avoir trois grands frères a rendu ma croissance précoce pour certaines activités.

À l'époque où Chris est devenu mon chaperon, ma loge était déjà une caravane, une roulotte bien à moi posée sur le parking, juste devant la porte 5. Quand j'allais à la coiffure ou au maquillage, il allait se remplir la panse à la cantine avant de s'écrouler dans la roulotte pour le reste de la journée. Je ne le voyais plus. Je revenais à la roulotte après une longue journée de tournage et j'y trouvais Chris en train de s'étirer et de bâiller, tout juste prêt à se lever. Il se faisait une tasse de thé, s'enfilait quelques cigarettes et on s'emmitouflait avant de retourner au lac et de tout recommencer.

Un chaperon consciencieux, professionnel et pointilleux se tiendrait littéralement sur le côté un chronomètre à la main afin de s'assurer que le quota d'heures de tournage de son protégé n'était pas dépassé ou que son éducation ne souffrait pas d'un manque d'assiduité dans les salles de tutorat. Un chaperon consciencieux, professionnel et pointilleux presserait son protégé entre le plateau et les cours, le plus vite possible. Pas Chris. Quand il ne faisait pas la sieste dans la roulotte, nous gambadions tous les deux entre le plateau et les salles de cours, à travers les studios, par le chemin le plus détourné possible, avec une pause en cuisine pour boire un Coca et manger une barre chocolatée (« Fais-toi plaisir, frérot, bois autant de cette saloperie que tu veux ! ») et une autre pour « une bouffée d'air frais » derrière la Grande Salle.

Le chaperon est aussi le maître ou la maîtresse du *per diem*, un paiement en liquide distribué une fois par semaine à chaque acteur, chaperon ou membre de l'équipe afin de couvrir les dépenses courantes quand le tournage se passe en extérieur. Le *per diem* se montait à environ trente livres par jour. Il était remis au chaperon et dépensé pour la nourriture, la blanchisserie et les appels téléphoniques. Ce serait naturellement une folie de le remettre directement aux enfants, n'est-ce pas ?

Chris ne le pensait pas. Étant du genre grand frère à la cool, il était ravi de me filer le magot tout de suite. Bien sûr, il pouvait lui arriver de s'en servir comme moyen de chantage. « Fais ce que je te dis ou je te prends ton *per diem*, l'asticot ! » Mais, en général, le cash arrivait droit dans ma poche. Et comme je pouvais tenir toute une journée avec un petit saucisson et un paquet de bonbons, et que mon désir de claquer un beau billet de vingt tout neuf dans un truc aussi banal que du linge propre était limité, mes *per diem* m'ont bien aidé à m'offrir des roues de skate neuves et les dernières sorties en jeux vidéo. (Le *per diem* de Chris était lui aussi employé à un usage que les producteurs n'avaient certainement pas envisagé ni voulu : acheter de l'herbe et rester ainsi un authentique fan de Harry Pété.)

Chris n'était pas non plus à l'abri de « l'acquisition » occasionnelle de souvenirs du plateau. Je ne dis pas que c'est uniquement à cause de lui que, pour les trois derniers films, les producteurs ont mis en place une fouille des voitures à la sortie des studios. Je ne dis pas qu'ils ont dû embaucher toute une équipe de sécurité en raison de ses magouilles de cleptomane. Il y avait plein d'habitués de Leavesden qui se servaient de temps en temps, une poignée de gallions par-ci, une cravate de Poudlard par-là, mais parmi ces délinquants, Chris était le grand chef. De source sûre, plusieurs copies factices de *Moi le magicien* par Gilderoy Lockhart se sont retrouvées miraculeusement dans son sac. Mais ce n'était pas tout à fait, dois-je tout de même ajouter, le criminel de sang-froid que je laisse entrevoir ici. Les quelques accessoires qu'il a pris ont fini vendus aux enchères au profit d'une association locale ou d'une cause qui lui était chère. On lui a même une fois proposé une forte somme d'argent pour prendre des photos discrètes du plateau afin de les faire fuiter avant la sortie du film. Il a refusé, bien sûr (c'est du moins ce qu'il m'a dit).

Il était donc le pire chaperon, mais aussi le meilleur. Il me traitait en adulte alors que je n'étais qu'un ado boutonneux. Et c'était sans conteste l'un des types les plus populaires de l'équipe. Tout le monde aimait Chris. C'était, je crois, une bonne expérience pour lui. Quand il a commencé, il était sur ses gardes et pouvait paraître un peu agressif, avec sa tête rasée et ses deux boucles d'oreille. Mais sur le plateau, tout le monde l'a accueilli à bras ouverts et il s'est adouci. Il avait toujours été un peu méprisant et cassant sur la carrière d'acteur, à l'inverse de Jink, mais, si j'osais, je dirais que passer du temps avec toute la famille Potter l'a aidé à exprimer son côté sensible. Bichette !

* * *

Chris et moi, en plus du gangsta rap hardcore et de la pêche à la carpe, adorions les voitures, de toutes les tailles et de tous les types. On scannait les pages d'*Auto Trader* pour saliver devant nos acquisitions potentielles. Les BMW, surtout les noires, nous fascinaient particulièrement. J'étais trop jeune à l'époque pour conduire, mais ça n'avait pas d'importance. Chris avait son permis et j'ai hérité de son amour des moteurs, comme de beaucoup de ses autres amours. Aussi, quand une BMW 328i noire a été proposée à la vente près de chez nous, et qu'il y avait juste assez d'argent sur mon compte en banque pour l'acheter à mon frère, il m'est apparu instantanément que ce serait une bonne façon de dépenser mes gains. Nous avons pris un taxi jusqu'à la maison du vendeur pour lui tendre un vieux sac plastique plein de billets usagés. Inutile de dire qu'il s'est montré un peu méfiant. On est resté assis là des heures, à attendre qu'il recompte tout, qu'il passe chaque billet devant une lampe tandis qu'on s'efforçait de rester calme, comme si on faisait ça tous les jours. Une fois le type satisfait de son pactole, Chris a pris les clés et s'est mis derrière le volant, moi à ses côtés. Avec beaucoup de retenue, il a conduit lentement sur environ deux cents mètres avant de disparaître à la vue de l'ancien propriétaire à la faveur d'un virage. Il a stoppé le véhicule. Enclenché le frein à main. Il s'est tourné vers moi. Son expression était impénétrable. Il m'a attrapé la tête des deux mains, m'a embrassé sur le front et a laissé échapper un cri de plaisir pur. Je jure avoir vu une larme dans ses yeux. « Merci ! » a-t-il dit plusieurs fois. « Merci beaucoup ! » Nous avons lancé ensemble un hurlement de triomphe, comme si on venait de réussir un coup très élaboré. J'étais à des années de pouvoir prendre le volant, mais j'étais obsédé par cette BMW autant que Chris. Les roues. Le grondement du moteur. L'accélération qui déforme le visage. Je n'étais pas très différent de l'adolescent typique avec son poster de Ferrari accroché au mur. La seule différence, c'est que j'avais les moyens de transformer mon rêve, et celui de Chris, en réalité.

* * *

Vous devez avoir pigé maintenant que l'influence du meilleur/pire chaperon du monde m'a poussé à exprimer mon côté plus rebelle. Chris m'a initié à la marijuana, le fruit interdit, dont parlent évidemment toutes les chansons de rap que j'écoutais. J'ai enchaîné de mon côté après cette initiation à l'herbe du diable, ce qui n'est pas très surprenant. C'est ce qui m'a mené à l'épisode le plus stupide de toute ma jeunesse.

La scène se déroule dans une friche derrière la salle des fêtes de Bookham, dans le Surrey, tout près de la maison de ma mère. C'était après le divorce, je traversais une phase très adolescente. On était quatre, assis dans l'herbe, en cercle. Je portais mon sweat à capuche adoré du Wu-Tang et on se faisait passer un joint. Tous les accessoires du fumeur de joints étaient éparpillés autour : tabac, feuilles à rouler, briquet, barrette de shit. Et une odeur d'herbe prégnante, inimitable, flottait au-dessus de notre petit groupe.

Alors que je prenais le joint, j'ai aperçu à moins de cent mètres deux agents de police, un homme et une femme. Ils marchaient vers nous à une allure très déterminée.

Merde.

L'un de mes frères - jamais je ne dirai lequel - m'avait donné un conseil pour ce genre d'occasion. « Frérot, rappelle-toi : si tu n'en as pas *sur* toi, ils n'ont rien *contre* toi. » Il fallait qu'ils prouvent, du moins selon mon avocat, la possession. Tant qu'on n'avait pas de shit dans la poche, m'avait-il dit, on ne craignait rien. Avec ce conseil en tête et la police à moins de cinquante mètres, je me suis levé, resplendissant dans mon sweat rouge vif, j'ai rassemblé les accessoires et tenté de les fourrer avec le joint dans un buisson. J'ai fait ça à la vue des agents qui s'approchaient toujours, avant de retourner m'asseoir avec mes amis.

Les policiers sont arrivés. Ils nous ont observés. On les a observés, de nos regards innocents. La forte odeur de skunk ne laissait planer aucun doute sur nos activités.

EXT. JOUR. FRICHES QUELQUE PART DANS LE SURREY

LE POLICIER

Qu'est-ce que vous faites ?

TOM

(plein de morgue)

Rien du tout.

LE POLICIER

Bien sûr que si. On vient de te voir planquer quelque chose dans ce buisson.

TOM

Vous n'avez rien vu du tout.

LE POLICIER

(avec patience)

Si, on t'a vu.

TOM

Non, mon pote. C'était pas moi.

Long silence pesant. Les agents, sourcils levés, ne sont visiblement pas impressionnés par ces jeunes arrogants et leur stratégie judiciaire fragile. À chaque seconde qui passe, les jeunes arrogants perdent de la confiance. Jusqu'à ce que…

LE POLICIER

Tu veux vraiment la jouer comme ça, fiston ?

TOM

(vacillant, toute sa morgue s'est enfuie)

Pardon. Non, pardon, je suis vraiment désolé, d'accord ? Pardon, s'il vous plaît, je suis désolé.

Ils m'ont fait revenir au buisson et récupérer le matos, dont le spliff à moitié fumé qui se consumait toujours. Sans surprise, j'ai été arrêté pour possession d'une barrette de shit. Pas vraiment le crime du siècle. On ne peut pas dire que les agents venaient de démanteler un réseau international de trafiquants de drogue. En une autre occasion, on aurait pu s'en tirer avec un sermon avant de rentrer chez nous. Mais la policière était une stagiaire et l'agent voulait lui montrer comment faire les choses dans les règles. Ils m'ont donc fait grimper à l'arrière du van et les portes ont claqué derrière moi.

J'étais pris en flag. Mais les conséquences de ce démêlé avec la justice auraient pu être bien pires. Je pense que Warner Brothers avait un peu d'influence quand il s'agissait d'étouffer les affaires concernant ses artistes surpris dans des positions compromettantes. Mais Drago arrêté pour possession de cannabis, ça n'aurait pas été facile à étouffer. Pourtant, je n'étais pas très inquiet quand je me suis assis dans le van, parce que j'étais complètement défoncé. Et puis d'un coup, ça m'est tombé dessus. Exactement comme quand le vigile m'avait chopé au HMV, il y avait une chose qui pouvait franchement empirer toute cette aventure regrettable. *S'il vous plaît*, ai-je pensé, *s'il vous plaît, n'appelez pas ma mère*.

Ils ont appelé ma mère.

Il n'y a rien de pire que lire la déception dans les yeux de sa mère, surtout quand ils sont pleins de larmes. On s'est assis autour d'une petite table d'interrogatoire au commissariat. Un agent en uniforme est entré et m'a interrogé exactement comme dans les films avant de me passer le savon de ma vie. Je suis à peu près certain qu'ils essayaient de m'effrayer au point de ne jamais recommencer mais, bien sûr, une fois remis de l'humiliation et de la déception de ma mère, je me suis demandé : m'ont-ils reconnu ? Si oui, ils se sont montrés assez professionnels pour ne rien en dire. Sinon, je pouvais m'estimer heureux, et ce n'était pas la première fois, de ne pas jouir de la même célébrité que Daniel, Emma et Rupert. On m'a renvoyé chez moi, la queue entre les jambes, là encore. Je me sentais idiot. Heureusement, Warner Brothers n'a jamais rien su de cet épisode (du moins ils ne m'en ont jamais parlé). Mon parcours de Drago ne s'arrêterait pas là.

23

Les manières de Malefoy

ou

Un câlin de Voldounet

Je vous ai déjà présenté ma famille de Moldus. Mais l'un des grands avantages d'être Drago, c'est que j'ai reçu une deuxième famille : ma famille de sorciers Mangemorts. Dans l'histoire, c'est évidemment une famille on ne peut plus toxique. Pour comprendre Drago, il faut savoir qu'il a été élevé par un père maltraitant. Il n'a jamais eu la chance de devenir quelqu'un d'autre que ce personnage déplaisant, puisqu'il n'a rien connu d'autre. Dans la vie, cependant, loin des caméras et de l'histoire, ma famille Malefoy m'est devenue presque aussi proche que ma famille Moldue. Si j'appelle toujours Jason Isaacs, qui joue Lucius, « Papa », c'est qu'il y a une raison.

La première fois que j'ai rencontré Jason, j'étais proprement terrifié. Chris et moi l'avions tous les deux vu dans *The Patriot* et nous avions adoré à quel point son personnage était diaboliquement mauvais. Notre première scène ensemble se déroulait devant Barjow et Beurk, la boutique de magie noire du chemin de Traverse. C'était pour le tournage du deuxième film, *La Chambre des secrets,* et je me rappelle très bien cet homme charmant, adorable, qui était venu me serrer la main et se présenter comme mon père. Il était habillé en Lucius Malefoy, bien entendu. Pourtant, il ne suintait pas du tout la menace comme l'aurait fait Lucius. Il m'a immédiatement pris sous son aile et s'est présenté au reste des acteurs et à l'équipe à mes côtés. Il m'a mis complètement à l'aise. Il m'a proposé une tasse de thé et de réviser un peu nos répliques, puis il a raconté une anecdote qui a fait rigoler tout le monde dès la première phrase. Tandis que je profitais des éclaboussures de gloire que projetait son récit, j'ai entendu les mots : « Silence plateau ! » Je savais ce que ça signifiait, mais Jason a continué.

« Ça tourne ! » J'ai retenu ma respiration. Pas Jason.

« Et... Action ! »

En plein milieu de sa phrase de conclusion, il s'est tourné d'un coup vers moi et m'a regardé comme s'il me détestait... avec amour. Jason s'était envolé. C'était Lucius...

Il y avait quelque chose de déconcertant à voir une personnalité changer ainsi du tout au tout en un instant. Je n'ai pas eu besoin de jouer pour avoir l'air complètement terrifié. Peut-être qu'il l'a fait exprès, peut-être pas. Quoi qu'il en soit, ça a marché. Le costume de Lucius comprenait une canne noire qui s'achevait par une gueule de serpent. C'était l'idée de Jason d'y dissimuler sa baguette. Quand il en a fait la proposition à Chris la première fois, ce dernier n'était pas très enthousiaste. Mais Jason a insisté : « Je crois que c'est une bonne idée ! » Columbus lui a répondu que les gens du merchandising allaient l'adorer... Les crocs du serpent étaient bien plus pointus qu'on l'imaginait tous les deux. Durant cette première scène, il m'a tapé la main avec et j'ai dû résister à l'envie de pleurer, ignorer la douleur physique pour rester dans le personnage jusqu'à la fin, tandis que Jason me dévisageait comme si j'étais une petite merde. Puis nous avons entendu le mot « Coupez ! » et Lucius Malefoy s'est dissous. Jason était de retour, désolé, plein d'inquiétude. Son « Ne touche pas, Drago ! » très sec avait laissé place à un souci sincère et touchant : « Mon pauvre garçon, je t'ai fait mal ? Ça va ? » On aurait dit qu'il lui suffisait d'appuyer sur un bouton pour changer complètement.

Encore aujourd'hui, penser aux transformations de Jason me donne la chair de poule. Quand il était Lucius, je ne savais plus à quoi m'attendre. Depuis quelle direction m'attaquerait-il cette fois-ci ? Comment la menace se matérialiserait-elle ? Du point de vue de l'acteur, c'était pain bénit. Sa performance donnait corps à Drago. Le voir me traiter comme ça m'autorisait à traiter les autres de la même façon, cela m'aidait à comprendre les deux faces de l'histoire de Drago : c'était une méchante brute, bien sûr, mais aussi un petit garçon que son père terrifiait.

J'ai compris en grandissant que cette faculté de changer en un instant était propre à Jason. Les autres acteurs adultes avec lesquels je travaillais avaient tous leur petite routine, des exercices vocaux qui les extirpaient d'eux-mêmes et les plongeaient dans leurs personnages. Jason, lui, pouvait devenir Lucius en un claquement de doigts. Je n'ai jamais rencontré quelqu'un de plus à l'aise que lui sur un plateau. Comme s'il y était né. Il parle à tout le monde, n'oublie jamais personne, est constamment au beau milieu d'une anecdote parfaitement racontée. Quand arrive le « Silence plateau » et que tout le monde s'affaire et se prépare pour la prise, vous pouvez être certain que Jason est encore dans son histoire, tant il est sûr de pouvoir basculer dans son personnage dès qu'il entendra le mot « Action », sans même y penser. Aussi impressionnant que flippant.

Dès le premier jour, Jason m'a traité comme un collègue, une égalité immédiate, quelqu'un avec qui il aimait discuter. (Que ce soit vrai ou non. Pour le savoir, il faudra que vous lui demandiez.) Quand j'étais tout jeune, il faisait attention à moi sur le plateau. J'ai grandi et il s'est intéressé à ma vie, mes passions, ma musique, mes habitudes bonnes et mauvaises, et ma carrière. Il n'émettait jamais de jugement. C'était le premier adulte que je connaissais avec lequel je pouvais parler librement de mon expérience, du fait de grandir dans ce milieu : les hauts, les bas et tout ce qu'il y a entre les deux. Il m'a donné des conseils pour me préparer à ce qui m'attendait. J'étais un bon acteur, m'a-t-il dit. Il ne fallait pas gâcher ma chance. Ses encouragements m'ont un peu pris de court, mais recevoir un tel soutien était plutôt gratifiant, de même qu'il était rassurant que je puisse compter à mes côtés une personne si disposée à donner de son temps et de son énergie. Si je parviens à être ne serait-ce qu'à moitié aussi présent et secourable qu'il l'est sur un plateau, j'aurai fait du bon travail.

Ai-je assez complimenté Jason, à présent ? Parfait. Parce qu'on se chambre autant qu'on aime être ensemble et que je ne peux pas le laisser s'en sortir comme ça, rien qu'avec des louanges. Il m'a élevé mieux que ça. Jason n'est pas, disons, complètement épargné par les traditionnelles faiblesses des acteurs. Il n'y a chez lui aucune timidité, aucune réserve. Et donc, bien évidemment, entouré par tant de comédiens à forte personnalité, ce n'est pas facile de se faire entendre.

Une de ces occasions s'est présentée alors qu'on tournait la scène d'ouverture du dernier film, où Voldemort s'assied en bout de table dans le manoir Malefoy, ses Mangemorts à ses côtés, Charity Burbage flottant dans les airs, prête à être assassinée. C'était une grosse scène pour moi. J'étais le seul enfant, cerné par tant d'acteurs formidables et chevronnés. Un enfant, amené ici par l'association Make a Wish, visitait le studio avant la prise avec sa famille et, tout excité, il a tendu à Jason son livre afin qu'il le signe. Jason l'a ouvert à la page que nous filmions pour y découvrir que Lucius, dans le livre, en dit nettement plus que lui dans le script. Jason n'est pas vraiment du genre à cacher sa frustration sous le boisseau. Ses sourcils se sont froncés. « Putain ! s'est-il exclamé. Je dis ça dans le livre ! » Il a amené le livre du petit jusqu'à David Yates, le réalisateur. « Il y a cette réplique ! Ce serait super que je la déclame dans la scène, non ? »

David ne savait pas trop s'il blaguait. Je n'en sais moi-même toujours rien. Quoi qu'il en soit, une expression d'une patience infinie s'est dessinée sur son visage. Ce n'était pas la première fois que Jason proposait d'adapter le script pour se donner un peu plus de temps d'écran. David a adopté un ton de gratitude généreuse. « Merci, Jason. Non, vraiment, merci. Quelle *excellente* idée. Mais peut-être devrait-on tenter au moins une prise conforme au script ? » Un Jason abattu, bien conscient qu'il venait d'essuyer un refus poli, a rendu son livre à l'enfant, qui croyait sans doute se l'être fait chiper à la Malefoy et ne plus jamais le revoir.

Blague à part, Jason est devenu un modèle pour moi. J'admire ses talents d'acteur, bien sûr. Mais j'admire aussi son dévouement évident à sa vraie famille et je lui suis reconnaissant de l'amitié qu'il m'a offerte. Dans les années qui ont suivi les *Harry Potter*, de tous ceux qui ont travaillé avec moi sur ces films, c'est à lui que j'ai le plus parlé. Mon objectif est de marcher dans ses pas. Mais n'allez pas lui dire !

* * *

Pendant que Jason me mettait à l'aise sur le plateau, un autre acteur me faisait l'effet opposé. Peu importe le nombre de légendes du cinéma avec lesquelles j'avais travaillé, aucune n'avait la présence de Ralph Fiennes. Je ne dis pas qu'il était aussi effrayant que Voldemort : son visage était en permanence recouvert de points verts pour que les gars des effets spéciaux puissent lui effacer le nez (*spoiler alert* : en vrai, dans la vie, il a un nez). Et, je ne vais pas mentir, c'était plutôt drôle de voir Voldemort assis dans sa chaise dans son peignoir vert, une tasse de thé dans une main et son journal dans l'autre. Mais, quand on tournait, il avait une présence indéniable. Il n'était pas comme nous autres enfants aux ordres du sifflet de Carreras. Il n'était pas comme Jason, à raconter des anecdotes avec exubérance. Il n'était pas comme Robbie Coltrane, à jouer et déconner façon Hagrid avec les enfants. Il avait quelque chose qui le mettait à part.

J'ai subi les méthodes idiosyncrasiques de Ralph quand on a filmé la dernière scène de la bataille de Poudlard. On avait passé des semaines à travailler le placement, sans faire tourner la moindre caméra, avec tout le monde en costume. Je n'étais jamais resté aussi longtemps sur le même plateau. C'était une scène d'une importance telle qu'ils voulaient la filmer sous tous les angles, afin de donner aux huit films le climax qu'ils méritaient. Il y a donc plein de morceaux qui n'ont pas été retenus au montage, dont un moment où Drago lance à Harry sa baguette pour le duel final contre Voldemort. Imaginez ça ! Il existe quelque part une pellicule où Drago sauve tout le monde et que personne ne verra jamais. Pour moi, le grand moment consistait à marcher vers Voldemort sur injonction de mon père. Je dois avoir fait cette marche trente ou quarante fois. Pour de nombreuses prises, j'ai fait la même chose : je dépasse Voldemort en gardant mes distances, à pas lents, tête baissée, un peu terrifié. Ralph me regardait à chaque fois d'une manière différente. Parfois il ne me regardait pas.

Parfois il interrompait son monologue pour me demander de retourner d'où je venais. C'était perturbant ; est-ce qu'on coupait, est-ce qu'on continuait de filmer ? À l'occasion, il répétait des répliques qu'il avait déjà prononcées dans la même prise, à chaque fois très différemment.

Au milieu d'une prise, tandis que je m'approchais de lui pour la énième fois, il a levé le bras, juste un peu. C'était un mouvement infime mais suffisant pour me stopper net. Je pensai : est-ce qu'il veut me prendre dans ses bras ? Pas très sûr de moi, je me suis approché doucement, les bras le long du corps. Il m'a entouré des siens et m'a donné ce qui doit être l'accolade la moins engageante de l'histoire du cinéma. Même sur le plateau, ça m'a glacé le sang. Une accolade de Voldemort aurait effrayé Drago et c'était tout aussi gênant pour Tom. Ça m'a collé des frissons, et ça m'en colle encore.

C'était une prise sur cinquante. Je ne savais pas du tout que ce serait celle qu'ils utiliseraient avant de découvrir le film, lors d'une première à Londres. Le public était complètement silencieux. Il y avait quelque chose de profondément dérangé, de si perturbant, à voir ce geste d'affection détraquée de Voldemort, que j'ai pu sentir tout le monde retenir sa respiration autour de moi. C'était super ! Puis j'ai assisté à une première aux États-Unis. J'attendais avec impatience la même réaction. Je me suis regardé approchant le sorcier le plus noir de tous les temps. Je l'ai vu me donner ce câlin super louche. J'attendais avec impatience. J'attendais le silence choqué. Et puis j'ai entendu tout le monde éclater de rire. Le public américain trouvait ça très drôle. Je ne sais toujours pas pourquoi. Mais j'adore !

* * *

Feue Helen McCrory, qui jouait ma mère, Narcissa Malefoy, nous a rejoints pour le sixième film. Au départ, on parlait d'elle pour le rôle de Bellatrix Lestrange, mais elle est tombée enceinte et a décidé de décliner pour se consacrer à son enfant. Cela aurait pu être intimidant pour certains de devoir s'intégrer ainsi dans ce groupe soudé de Malefoy et de Mangemorts, de débouler dans le face-à-face tendu, à l'écran, entre Jason et Ralph. Mais je n'ai jamais eu l'impression qu'elle l'était. Elle était bien trop cool pour ça.

Helen était cool sans faire le moindre effort. Elle s'asseyait tranquillement dans un coin, à rouler ses cigarettes dans des feuilles parfumées à la réglisse, sans jamais sentir le besoin de couper la parole à quiconque ni de parler pour parler. Elle pouvait avoir l'air très sévère et paraissait capable de vous étaler au sol à tout moment, mais j'ai appris à son contact qu'elle avait un grand cœur. Je me suis vite senti assez en confiance avec elle pour lui poser toutes sortes de questions personnelles sur la vie, l'amour et tout le reste, elle a toujours été très disposée à me donner de son temps, à me conseiller sans jamais me prendre de haut. Son approche était à l'opposé de celle de Jason ou de Ralph. Quand elle se glissait dans son personnage, ce n'était pas en un éclair comme Jason, ni comme Ralph avec ses longs silences dramatiques. Sa transition à elle était presque imperceptible, mais quand elle devenait Narcissa, une lueur dans son œil vous disait tout ce qu'il y avait à savoir de ce personnage : on y lisait la froideur des Malefoy, mais aussi les aspects plus doux de sa nature. Il me suffisait d'à peine la regarder pour saisir quelque chose de plus profond chez Drago.

On ne nous dit jamais pourquoi il craint tant la perspective de devoir tuer Dumbledore, mais voici ma théorie. Si on ne voyait que l'influence de son père, sa réaction n'aurait pas grand sens. Mais on voit aussi celle de sa mère, Narcissa, la femme capable de mentir à Voldemort pour sauver son fils. C'est elle qui confère à Drago son humanité et, si j'ai réussi à transcrire ne serait-ce qu'une goutte de ça dans mon jeu pour le sixième film, c'est en partie grâce au talent remarquable de Helen. À sa manière silencieuse, elle a façonné mon jeu, tout autant que les autres.

Dans la scène du câlin avec Voldemort, quand Drago hésite à abandonner les élèves de Poudlard pour rejoindre les Mangemorts, c'est l'appel pressant de son père qui retient son attention, et la douceur de sa mère qui informe sa décision. C'est la capacité de Helen à laisser transparaître les aspects plus doux de la personnalité de Narcissa qui donne à Drago la volonté de l'écouter. Dans l'art comme dans la vie, j'ai du mal à dire non à ma mère.

24

Tout a une fin

ou

La fille de la Grande Salle

J'aimerais vous ramener au début de ce livre. C'est le dernier jour de tournage de mon tout premier film, *The Borrowers*, je suis assis dans la loge du maquillage avec ma demi-permanente orange. Soudain, ça me frappe : c'est fini. La tristesse m'envahit et je me mets à pleurer. J'accuse la coiffeuse de m'avoir coupé avec ses ciseaux, mais c'est complètement faux. La vérité, c'est que je gère mal quand les choses s'arrêtent.

Mais toute chose a une fin, comme dirait mon Beatles préféré[10]. Le dernier *Harry Potter* était un projet colossal, deux films tournés en même temps, sans les six mois de pause qu'il y avait eu entre chacun des autres épisodes. Le tournage a duré une éternité. Et encore, j'étais quatre fois moins présent que Daniel, Emma et Rupert. Je n'ose imaginer comment ils ont vécu ce

10. Référence à la chanson *All Things Must Pass*, de George Harrison (NdT).

marathon. Cependant, les derniers jours sont arrivés bien plus vite que je l'aurais voulu. On avait passé la moitié de nos vies à nous dire que la fin ne viendrait jamais, qu'elle était bien loin, et la voilà qui nous sautait à la figure. Il y avait aussi un certain soulagement général à voir enfin la ligne d'arrivée, mais le soulagement et le bonheur sont deux choses différentes, et quand est venu mon dernier jour sur le plateau, je savais quelles seraient mes réactions. J'avais mûri, après tout.

Mon dernier jour consistait à tourner des scènes secondaires. On a filmé Drago quittant la bataille, courant sur un pont encombré de débris avant de s'arrêter, se retourner, songer un instant, puis continuer. C'est l'une des très nombreuses scènes qui n'ont pas fini dans le film. Quand est venu le temps de remballer, j'ai dû faire un effort énorme pour garder mes émotions sous cloche. J'ai vite serré la main à tout le monde et prononcé quelques adieux pincés typiquement britanniques. Puis je suis parti.

Dès que je me suis retrouvé dans la voiture, je me suis mis à chialer. Les larmes ne s'arrêtaient pas de couler, même si j'essayais de le cacher à Jimmy, mon chauffeur. Cette fois, je n'avais personne à blâmer, je les ai donc laissées venir. Quand les gens me demandent comment s'est passé ce moment, ils s'attendent à des adieux chaleureux avec Daniel, Emma, Rupert et le reste de la troupe. Mais aucun d'eux n'était là pour mon dernier jour et, dans tous les cas, certains de mes meilleurs amis étaient de l'autre côté des caméras, ou bien travaillaient aux effets spéciaux, au maquillage, à la coiffure. Ils avaient occupé une si grande partie de ma vie pendant si longtemps, j'ai été tout aussi triste de les quitter eux que les acteurs. C'était un sentiment très mélancolique de me dire que je ne les verrais plus autant, peut-être plus du tout, non par choix mais parce qu'ainsi va la vie.

* * *

J'avais eu d'autres expériences en dehors de Potter. Entre le cinquième et le sixième film, j'ai participé à une production intitulée *The Disappeared*. C'était un petit budget dans lequel je retrouvais la copine de Rupert Grint, Georgia Groome, tourné en grande partie dans les cavernes souterraines sous la ville de Londres. On pouvait difficilement concevoir une expérience plus éloignée du monde des sorciers. Du point de vue de l'acteur, c'était un défi plus important. Dans Potter, tout tient dans les costumes et les décors. Tant qu'on était présent et ressemblant, la moitié du boulot était faite. Là, je devais creuser un peu plus ma performance pour incarner un type dont le frère a été enlevé et qui finit par avoir la nuque brisée par un prêtre psychopathe (ce qui a à peu près autant plu à ma mère que l'horrible Tom en latex). L'échelle était aussi très différente. J'avais pris l'habitude de passer quatre heures sur les repérages, entouré d'une équipe énorme et de tous les accessoires des films à gros budget. Là, je me retrouvais dans une aire de jeux d'Elephant and Castle[11], au beau milieu de la nuit, avec derrière la caméra un type pas bien plus vieux que moi, sans répétition parce qu'on était immanquablement en retard sur le planning dès qu'on posait un pied sur le plateau. Pour la première fois, je me suis retrouvé avec des acteurs tout droit sortis du cours d'art dramatique plutôt qu'avec de grosses stars, dans un environnement où la liberté était reine. Sur les Potter, le script était contrôlé de si près qu'il ne laissait presque aucune place à l'improvisation, malgré les vaillants efforts de Jason Isaacs pour s'ajouter des répliques. J'apprenais que sur d'autres types de projets, les dialogues et le développement des personnages étaient sujets à discussion au sein d'un processus bien plus collaboratif. La courbe d'apprentissage a été rude.

Pour la première fois aussi, j'étais autorisé à conduire ma propre voiture pour aller sur le plateau. Il fallait que je m'y rende par mes propres moyens, que je me débrouille. *The Disappeared* a été très important pour ma

11. Un quartier de Londres (NdT).

carrière parce qu'il a considérablement élargi mes horizons d'acteur, mais plus encore sur le plan personnel.

Me mêler à la foule m'a toujours plu davantage qu'être reconnu. Pour ça, j'ai eu de la chance. J'ai réussi à éviter que *Harry Potter* devienne la partie la plus importante de ma vie. Bien des choses l'ont été davantage : la pêche, la musique, les voitures, les amis. Potter était encore quatre ou cinq places plus bas dans la liste. Ça a dû être beaucoup plus difficile pour Daniel, Emma et Rupert. Potter a été au centre de leur existence, tandis que pour moi, jouer dans ces films n'a été qu'un truc en plus dans ma vie.

Vous aurez peut-être du mal à le croire, mais c'est vrai. En fait, c'est contre-intuitif, mais l'attention que je dois à mon implication dans *Harry Potter* s'est considérablement accrue depuis la fin des films. Sur le moment, je pouvais sans problème marcher dans la rue, même avec mes cheveux blonds lumineux, sans être reconnu, sans qu'on crie mon nom. Aujourd'hui, c'est plus dur. Chaque année qui passe, Potter paraît gagner en popularité. J'ai du mal à savoir pourquoi. Au fond, c'est sûrement parce que les histoires originales sont géniales. À la différence de nombreuses histoires pour enfants écrites à l'époque, les livres et les films *Harry Potter* se sont transmis d'une génération à la suivante. Il s'agit à présent d'un de ces rares ponts culturels qui relient les gens de treize ans et ceux de trente ans. Il y a eu un effet boule de neige, de plus en plus de monde s'est retrouvé attiré par le monde des sorciers. Si vous m'aviez dit quand je tournais les films que dans les années à venir un parc d'attractions *Harry Potter* existerait, et que je couperais le ruban rouge de notre propre section des Studios Universal, je vous aurais ri au nez.

Ainsi, même si j'ai inévitablement ressenti un peu de tristesse à la fin des tournages, j'ai aussi éprouvé un certain soulagement. Je n'aurais plus à m'asseoir dans la chaise du maquillage avec les cheveux emballés dans de l'alu toutes les semaines. J'ai pu me concentrer sur la partie ordinaire de ma vie. Malgré les encouragements de Michael Gambon, Alan Rickman et Jason Isaacs, je n'ai pas particulièrement cherché à développer ma carrière d'acteur. Je n'ai pas cherché la célébrité ou le succès phénoménal. Je n'en voyais pas l'intérêt. J'avais vingt-deux ans et ma vie de Moldu me satisfaisait. J'étais content de revenir dans la vie civile, avec mes amis, mon chien et ma copine.

* * *

Je l'ai remarquée pour la première fois quand j'avais dix-sept ans, autour du quatrième film, dans la Grande Salle. Il y avait plus d'une centaine de figurants qu'on voyait souvent sur le plateau. Ce jour-là, elle en faisait partie : une Gryffayote, j'en ai peur. On avait une règle : les élèves de la Grande Salle n'étaient pas autorisés à se maquiller. Elle n'a pas honoré cette règle. Elle avait à peu près le même âge que moi, une peau hâlée éclatante et de longs cils noir corbeau. Elle était absolument splendide. Je sais que ma tête n'est pas la seule qu'elle a fait tourner.

J'ai appris plus tard que c'était une assistante du coordinateur des cascades. Elle sortait du lot pour de nombreuses raisons, mais surtout parce que c'était une minuscule petite chose au milieu de tous ces gros costauds. Un jour, j'étais dans le bureau des seconds assistants réalisateurs. La superbe fille de la Grande Salle était présente, elle tenait une feuille d'appel pour aider à organiser le planning des cascades du jour, et on s'est mis à parler. Je lui ai demandé si elle voulait boire une tasse de thé et fumer une cigarette et elle a répondu « Oui, pourquoi pas ? » Je nous ai préparé deux mugs et on est descendu pour sortir par la porte 5 avec nos boissons et mon paquet de Benson & Hedges Gold. Je fumais beaucoup trop à l'époque, davantage pour m'occuper les mains qu'autre chose. Je lui ai proposé une cigarette, je ne savais pas encore qu'elle ne fumait pas. Elle a accepté. Elle a un peu louché en la regardant et je crois me souvenir qu'elle a réussi à avaler deux bouffées avant d'être prise d'une violente quinte de toux.

« Tu fumes pas, c'est ça ?

— Si... C'est juste qu'elles sont un petit peu trop fortes pour moi. »

On a continué à discuter pendant que des membres de l'équipe entraient et sortaient par la porte 5. C'était un lieu passant. Un des types des accessoires s'est approché. Je le connaissais bien et on parlait souvent, mais j'avais oublié son nom. C'était un supplice parce qu'il était bien trop tard pour le lui demander. « Ça va, Tom ? » a-t-il demandé plein d'entrain.

« Hello, mon pote ! » ai-je répondu. Je lui ai retourné mon plus beau sourire et on s'est mis à discuter. Quand il a disparu par la porte 5, je me suis tourné vers elle et j'ai décidé de cracher le morceau. « Oh bon Dieu, je le crois pas !

— Quoi ?

— On travaille ensemble depuis des années, je connais son visage, on parle de sa famille et tout, et je ne connais pas son prénom ! »

Elle n'a pas souri. Elle n'a presque pas réagi. Elle m'a seulement lancé un regard froid et m'a répondu : « Tu ne connais pas le mien non plus, si ? »

La panique. Elle avait raison. Je suis resté figé sur place. Puis j'ai claqué des doigts, comme si je l'avais sur le bout de la langue. Elle m'a laissé couiner un moment, et même assez longtemps, puis elle a mis fin au supplice.

« Je m'appelle Jade. »

* * *

C'était un bon résumé de sa personnalité. Jade est maligne, vive et directe. Elle ne perd pas de temps avec les bêtises. Nous sommes devenus très proches très vite. Jade était impétueuse. Il le fallait bien, pour s'imposer auprès des cascadeurs qui, sans trop vouloir généraliser, étaient quand même les bonshommes du plateau. Elle se glissait dans ma roulotte quand elle en trouvait le temps pour une tasse de thé et elle a ainsi dû subir le débarquement des cascadeurs qui sont venus faire semblant de me taper dessus et de tout casser pour lui coller la honte. Je me suis presque surpris moi-même quand je lui ai demandé un jour : « Est-ce qu'on est ensemble ? » Elle m'a souri. J'ai souri encore plus.

Pour notre premier vrai rendez-vous, nous sommes allés au zoo de Londres. Je suis passé la chercher chez ses parents dans une BMW M6 rouge vif toute neuve. Son père, que je finirais par surnommer affectueusement Stevie G, avait la même, en plus sage. C'était exactement la même voiture vue de l'extérieur, mais elle n'avait pas grand-chose sous le capot. La mienne était plus extravagante. Le père de Jade a ouvert la porte pour voir ce type aux cheveux blond-blanc décolorés dans une voiture bien trop puissante pour ses dix-neuf ans, prêt à amener sa fille unique pour une journée à Londres. Il aurait été tout à fait dans son droit de me soumettre à un examen serré, ou au moins de me jeter un regard suspicieux. Mais, comme je l'apprendrais vite, il était bien trop gentil pour ça. Il a mis de côté ma frime adolescente et a suspendu son jugement. Quiconque à l'époque aurait pensé que j'avais l'air d'un petit con. Avec le recul, même moi je pense que j'avais l'air d'un petit con. Jade et moi nous sommes tenu la main pour la première fois dans le zoo de Londres, nous avons fumé quelques cigarettes au menthol plus supportables et, même si ma coiffure était exactement celle de Drago, personne ne nous a adressé la parole ni même remarqués, semblait-il. Ou alors c'est nous qui n'avons rien remarqué, c'est plus probable.

De là, tout est allé très vite. Quelques mois plus tard, je l'ai emmenée à Venise pour son dix-neuvième anniversaire (une idée que Stevie G avait validée par miracle). Mauvais choix, Tom. Le bon aurait été de partir de plus bas et de progresser petit à petit. Une fois qu'on a réservé une chambre dans un hôtel chic de la ville la plus romantique du monde, la marge de progression est étroite. J'imagine que je cherchais à l'impressionner. On est allé au Harry's Bar, l'un des restaurants les plus courus du monde. Deux gamins entourés de riches adultes. Après un bellini de trop, le serveur a dû me demander poliment de faire moins de bruit. On s'est beaucoup amusé.

Des années plus tard, à la fin de *Harry Potter*, une fois que j'ai eu arrêté de pleurer, nous sommes retournés en Italie fêter notre travail sur les films. J'avais rasé mes cheveux blonds, nous célébrions ensemble et en silence la fin de ce marathon. Je n'avais pas vraiment de plan pour l'avenir. Je ne m'attendais pas du tout à remettre de sitôt les pieds sur un plateau. Alors, quand mon agent m'a appelé pour me prévenir qu'on me proposait un rôle dans un gros film, j'ai été pris de court. C'était pour *La Planète des singes : Les Origines* et, si j'acceptais, je devais prendre un avion pour Vancouver dès la semaine suivante.

J'ignore encore aujourd'hui pourquoi ils m'ont choisi, moi, parmi l'énorme quantité de gens qui auraient pu jouer ce rôle. J'étais plus que conscient, déjà, que mes dix ans de travail sur *Harry Potter* n'étaient dus qu'au fait que je m'étais pointé un jour pour une audition quand j'en avais douze. Si je ne l'avais pas fait, quelqu'un d'autre aurait tenu ce rôle tout aussi bien que moi. Là, c'était différent. Un énorme film hollywoodien avec James Franco et Andy Serkis, un budget de plusieurs centaines de millions de dollars grâce auxquels les producteurs pouvaient choisir plus ou moins qui ils voulaient parmi tous les acteurs du monde. Et ils m'avaient choisi, moi, sans même une audition ? C'était à n'y rien comprendre, mais je ne pouvais m'empêcher d'apprécier. C'est le moment où j'ai pour la première fois vu en rose mon avenir en tant qu'acteur.

La Planète des singes : Les Origines est le premier de mes projets qui a vraiment plu à mon père. C'était un fan de l'original avec Charlton Heston, que je n'avais jamais vu. Je ne savais même pas qu'une de mes répliques était très connue : « Ne me touchez pas avec vos sales pattes, maudits singes ! » Tout ce que je savais, c'est que c'était une nouvelle aventure, que j'ai acceptée avec reconnaissance.

Harry Potter était déjà une belle production pour l'industrie cinématographique, évidemment, mais il y avait encore quelque chose d'humble et de britannique dans le vieux carton-pâte des studios Leavesden, quand on pouvait encore passer la porte 5 pour prendre une bouffée d'air frais. Pour un film hollywoodien, tout est plus gros, plus fort. Prenez la cantine, par exemple. Sur le plateau, à Vancouver, quelqu'un m'a demandé si je voulais un truc du « *crafty* ».

« Du quoi ?

— Du service de *craft*.

— Qu'est-ce que c'est ? »

On m'a amené devant un énorme food truck qui pouvait me préparer *tout* ce que je voulais, *quand* je le voulais. Cookies, tartines, chips, tout ce que vous voulez. Vous voulez de la glace à deux heures du matin ? Pas de problème. Quel parfum ? Rappelez-vous mon double, Macauley Culkin, quand il commande du room service dans *Maman, j'ai encore raté l'avion !*

Et ce serait ma vie, semblait-il. Une vie de glaces gratuites en pleine nuit. Une vie où, après cette minuscule formalité qu'était l'appel de mon agent, je passerais d'un énorme film au suivant. J'ai pensé, *Voilà, c'est ça mon futur.*

J'avais tort.

25

Après le coup de baguette magique

ou

Seul à La La Land

La Planète des singes : Les Origines était un événement isolé. C'était la première fois qu'on me proposait un rôle-titre sans audition préalable, et ça ne se reproduirait plus avant longtemps. Un coup de chance, qui ne se répéterait pas de sitôt.

Si on m'avait laissé livré à moi-même, ç'aurait bien pu être mon dernier film. Je manquais de la volonté de m'affirmer et d'accomplir le potentiel que certains, dont Jason, avaient entrevu chez moi vers la fin du projet Potter. Je me suis même demandé si je ne ferais pas mieux d'abandonner la comédie pour devenir pêcheur professionnel. Heureusement, Jade avait d'autres projets en tête. Sans ses encouragements, je n'aurais pas eu de carrière. Quand il est devenu évident qu'il faudrait que je me relance dans le monde des castings, nous avons acquis une caméra portative (c'était avant l'iPhone) et, où que nous soyons, elle m'accompagnait pour des lectures. C'était essentiel, parce que lire seul revient à jouer au tennis contre un mur. C'est donc à son instigation que nous avons enregistré d'innombrables cassettes de nous, qui nous ont valu un taux de retour d'environ un sur cent. Dans l'intervalle, une vieille connaissance d'école a réussi à me décrocher un rôle dans une mini-série tournée au Cap, *Labyrinthe*, une fantaisie historique avec John Hurt et Sebastian Stan.

J'y jouais le vicomte Trencavel, un personnage qui ne pouvait pas être plus différent de Drago Malefoy. Il fallait que je porte une perruque à la *Braveheart* (heureusement, j'étais déjà familier des coiffures bizarres), une cotte de mailles et, dans le cadre du rôle, que je fasse une entrée triomphale dans un château pour y tenir un discours héroïque devant la foule. En fait, il y avait même deux discours héroïques dans le film, une perspective qui me terrifiait. Je connaissais si bien Drago. Dans n'importe quel scénario, j'aurais pu deviner ses réactions. Mais devoir créer un rôle de toute pièce sans rencontrer personne auparavant, ni l'équipe de tournage ni mes partenaires, c'était très intimidant. Même si j'étais habitué aux productions à gros budget, je n'étais plus dans le confort connu des studios Leavesden, de ma roulotte et de la porte 5. Arrivé sur le plateau, je me suis servi à moi-même un bon petit speech. Tu vas y arriver, Tom. Détends-toi. J'ai rencontré le réalisateur pour la première fois ce matin-là, sur le plateau, et deux heures plus tard je marchais à grandes enjambées au travers d'une foule de figurants en cotte de mailles pour les galvaniser par mon premier monologue.

Le truc avec les figurants, c'est que certains aiment ça, d'autres pas du tout. Certains restent concentrés, d'autres ont du mal à masquer leur ennui. Lors de ma première prise, devant eux, prêt à livrer mon discours et plutôt flippé, j'ai vu, les yeux rivés sur moi, un océan de visages concentrés, sauf un. Il détonnait un peu : un adolescent, plus jeune que les autres, arborant une expression qui me rappelait la mienne à son âge. Il m'observait rempli d'un mépris total, dragonien. Exactement comme je l'aurais fait. Je pouvais presque entendre ses pensées. *Ah oui ? Le type à la perruque va monter sur l'estrade et nous interpréter un panaché de « moult » et de « oncques » ? Quelle noblesse !*

Il ne le savait pas mais, il appuyait pile sur les mauvais boutons, ravivait les doutes qui m'étreignaient. J'ai pris une décision rapide : ce serait à lui que j'adresserais tout le discours. Plutôt que de laisser mon regard balayer toute la foule, je suis resté concentré sur lui. Et j'allais prendre de la graine du jeu de Ralph Fiennes et laisser le silence parler à ma place. Je l'ai fixé du regard. J'ai laissé s'installer la gêne. Je l'ai vu se tourner à droite et à gauche, se demandant : c'est moi qu'il regarde ? Peu à peu, j'ai senti qu'il me prenait au sérieux, comme le reste de la foule. Tirant de la confiance de cette réussite, j'ai prononcé mon discours vibrant du mieux que je pouvais. Ce n'est pas à moi de dire si c'était réussi ou non, mais je peux tout de même remercier ce jeune figurant gonflé. Il m'a donné le carburant nécessaire à mon décollage, l'incitation de mettre en pratique les leçons apprises au fil des années auprès de nombreux acteurs plus âgés pour capter l'attention de quelqu'un.

Mon deuxième discours vibrant était un peu moins réussi. Avant de m'offrir le rôle, le producteur avait suivi par la procédure standard et passé en revue avec moi toutes les questions logistiques. Serez-vous disponible à ces dates ? Votre passeport est-il en règle ? Avez-vous le permis de conduire ? On apprend vite dans le métier toutes les bonnes réponses à ces questions-là : oui. Vous parlez swahili ? Couramment ! Vous savez prendre l'accent allemand ? *Jawohl* ! Si bien que, quand il m'a demandé si je savais monter à cheval, j'ai tout naturellement donné la réponse attendue. Mec, je suis né sur une selle !

Ce n'était pas un complet mensonge. Quand j'étais petit, notre voisin avait des chevaux et on me promenait à l'occasion assis sur le dos de ces bêtes placides. Mais la vérité, c'est que j'avais peur des chevaux et ces balades de mon enfance étaient bien différentes de ce qu'on attendait de moi ici. Il fallait que je chevauche d'un bout à l'autre d'une colonne de chevaliers tous en cotte de mailles, avec épée et bouclier, pendant que je déclamais pour l'Histoire. Au point culminant du discours, je devais enfoncer mes talons dans les flancs de l'étalon et le lancer au galop pour mener mon armée à la bataille.

L'animal avait d'autres projets. Pour la première prise, alors que je parvenais au moment critique, hurlant mon cri de guerre et brandissant mon épée, prêt à apporter la victoire à mes hommes, je l'ai héroïquement aiguillonné de mes talons. Les figurants ont crié en retour, prêts à suivre leur chef jusqu'à la gloire ou jusqu'à la mort. Le cheval, de son côté, m'avait jugé moins inspirant. Il a montré autant d'entrain à galoper que l'ado du premier jour en avait manifesté pour mon discours. On a recommencé. « Pour l'honneur ! Pour la famille ! Pour la liberté ! » Pourriture de cheval ! Il s'est à peine mis au trot. J'ai vu le réalisateur et le producteur secouer la tête derrière le moniteur. C'était clairement ridicule. Il fallait trouver une solution.

La dresseuse du plateau était une petite femme et mon personnage portait un énorme manteau à la Rogue. La dresseuse s'est donc assise derrière moi sur le cheval, couverte par mon manteau et accrochée à ma taille. Le cheval avait nettement plus de respect pour elle que pour moi. Quand le moment est venu, elle a doucement effleuré les flancs de l'animal et ma puissante monture a bondi d'un seul coup. C'était plus qu'effrayant. Je me suis agrippé aux rênes avec l'énergie du désespoir et, blanc comme un linge, les yeux écarquillés, j'ai fait de mon mieux pour ne pas tomber tandis que je galopais vers la bataille. Mon expression, ai-je noté en revoyant les images, indiquait clairement la terreur absolue. Je n'ai pas été surpris de constater que ce moment n'avait pas été retenu au montage.

Ce n'était pas ma seule mésaventure à cheval. En 2016, Kevin Reynolds, qui avait déjà réalisé *Robin des bois, prince des voleurs* et était l'un de mes réalisateurs préférés, m'a demandé de participer à son péplum *La Résurrection du Christ*. Je devais jouer un soldat romain aux côtés de Joseph Fiennes, le frère de Ralph, qui m'a tout de suite pris sous son aile. Durant une des premières scènes clés, nous devions chevaucher au travers d'une autre foule de figurants qui nous jetaient des cailloux en papier mâché, jusqu'à la crucifixion. Là, Joseph devait parler à Jésus pendant que je restais à cheval, sur le côté.

Les chevaux avaient répété la scène sans nous pendant des heures. Mais ils ne savaient pas que les cailloux étaient en papier mâché et ils étaient naturellement nerveux. Ce que mon cheval savait très bien, en revanche, c'est que la planche qui le chevauchait, à savoir moi, n'avait rien d'un jockey. Tandis que Joseph Fiennes livrait une performance magnifique, ma monture refusait de tenir en place. Je tournais dans un sens puis dans l'autre, revenant dans la foule avant d'en ressortir. J'étais complètement incapable de maîtriser la bête. J'ai entendu Kevin crier : « Coupez ! Qu'est-ce qui se passe ? » Je me suis excusé faiblement et nous avons finalement dû vêtir un des dresseurs en légionnaire afin qu'il tienne le cheval tandis que je restais assis sur la selle à ne rien faire.

C'était la dernière fois que je montais à cheval devant les caméras.

* * *

Enfant, j'avais passé des centaines d'auditions avant *Harry Potter*. J'avais alors l'habitude qu'on me dise non. Cette habitude, il fallait que je la retrouve. Je passais à présent une audition toutes les deux semaines, pour autant de refus. Certains étaient surpris que j'aie ainsi besoin de me soumettre à ce processus ; en vérité, je ne voyais pas du tout pourquoi on m'aurait fait ce cadeau. On ne peut pas dire que ma filmographie était très riche. Cela me paraissait fou, maintenant que je m'engageais dans le développement de ma carrière d'acteur, qu'on ait pu me proposer si facilement le rôle dans *La Planète des singes*, sans même que quiconque vérifie que je savais prendre l'accent américain. Il était bien plus normal que je mange de la vache enragée comme les autres.

Encore une fois, si j'avais été seul, je serais probablement resté dans les limbes. Jade était mon moteur. Par ailleurs, Alan Radcliffe m'avait donné un bon conseil : trouve-toi un bon agent, va vivre à Los Angeles et pousse le plus de portes que tu pourras. C'est exactement ce que j'ai fait.

Quelqu'un a dit un jour qu'il y avait quatre fois plus de travail pour un acteur à New York qu'à Londres, et encore quatre fois plus à Los Angeles qu'à New York. Faites le calcul et vous comprendrez pourquoi tant d'acteurs et d'actrices se retrouvent à Hollywood. C'est une ville de contradictions : pleine de succès et pleine d'échecs, pleine de richesse et pleine de pauvreté. Excitante et intimidante à parts égales. Lors de mes premiers séjours à Los Angeles, tous ces aspects contradictoires me sont apparus d'un coup. Je m'installais à chaque fois pour deux semaines dans un hôtel quelconque, j'essayais de lire trois scripts par jour et de rencontrer directement le maximum de monde.

Certaines portes m'étaient ouvertes. Une agence de LA m'a accepté comme client. Ils m'ont emmené déjeuner au Beverly Wilshire Hotel en m'expliquant fièrement que c'était là que *Pretty Woman* avait été tourné. J'ai acquiescé poliment sans avouer que je n'avais jamais vu *Pretty Woman*. Je ne me sentais pas à ma place, moi le garçon du Surrey en train de se faire régaler dans l'un des endroits les plus sélects et les plus fashion d'Hollywood. Entre vous et moi, j'aurais préféré une boîte de nuggets. De retour dans leur bureau, je me suis retrouvé devant six personnes qui me dévisageaient. Leurs yeux brillaient d'enthousiasme tandis qu'elles m'expliquaient que j'allais devenir une grande star, qu'elles savaient exactement comment s'y prendre. Toutes les deux minutes, une nouvelle personne se pointait dans le bureau pour me serrer la main et dire qu'elle était fan, que ce serait génial de m'avoir dans leur équipe. J'ai pensé : *Super ! Un peu chelou, mais je peux m'habituer.*

D'autres portes étaient plus difficiles à franchir. Ma première audition était pour un rôle de professeur pour le pilote d'une série télé. Je ne le savais pas mais ils tournent des milliers de pilotes à Hollywood, pour plein de séries dont la plupart ne verront jamais le jour. Ce sont les serviettes en papier de l'industrie cinématographique. Je n'avais pas compris ça. Pour moi, tout était un *Harry Potter* potentiel. Quand je suis arrivé au studio pour l'audition, je n'étais pas préparé à ce qui m'attendait. Peu importe l'énorme affiche de *Harry Potter* accrochée derrière le guichet de la sécurité, j'ai eu bien du mal à expliquer qui j'étais et pourquoi j'étais là afin qu'on me laisse entrer dans le studio. Une fois parvenu dans la salle, il est devenu évident que je ne serais qu'un parmi d'innombrables prétendants au rôle. On m'a indiqué une chaise où patienter avec une douzaine d'autres, et j'ai attendu pendant que trois ou quatre autres candidats passaient leur audition. J'entendais tout (un truc qui n'arrive jamais au Royaume-Uni), ce qui me portait sur les nerfs. Mon tour est venu. Je suis entré pour découvrir six personnes assises en rang, l'air blasé et ennuyé. S'ils m'ont reconnu, ils l'ont tous bien caché. J'ai souri de mon plus beau sourire et j'ai dit : « Salut, je suis Tom, d'Angleterre ! »

Ils n'ont rien répondu. Je me suis avancé pour serrer la main de tout le monde mais, parvenu au troisième ou quatrième, j'ai compris que ce n'était pas une situation de serrage de main. L'un d'eux a aussitôt confirmé mes soupçons en disant : « Pouvez-vous juste aller vous placer sur le X et dire vos répliques ? »

J'ai regardé par-dessus mon épaule et j'ai vu le X tracé au gaffeur par terre. « OK, ai-je répondu, pardon. » Je suis allé me placer. Ils semblaient à peine se rendre compte que j'étais dans la pièce. La réalité de la situation m'a soudain frappé. Cela faisait des heures qu'ils étaient là. Ils avaient entendu cette scène jouée de toutes les façons concevables. Ce n'était pas un rôle important et ils ignoraient ou n'avaient rien à faire de ma filmographie. Au contraire, ils ne souhaitaient rien tant qu'être débarrassés de moi le plus vite possible.

À mesure que je comprenais tout ça, mon anxiété flambait. Le rôle pour lequel j'auditionnais était justement celui d'un personnage nerveux, mais je ne suis pas sûr que ça m'ait aidé. J'ai bafouillé mes répliques dans un mélange douteux d'accents américains, une phrase venue du Texas, l'autre de La Nouvelle-Orléans avant de passer à Brooklyn, me répétant à l'occasion pour être certain de bien prononcer. J'étais gêné et eux aussi. Parvenu à la moitié de la scène, trois d'entre eux avaient sorti leur téléphone. Ce n'est jamais bon signe.

C'était ma première audition catastrophique à Los Angeles. Ce ne serait pas ma dernière (encore désolé, Sir Anthony). J'aimerais vous dire que ça devient plus facile avec le temps, mais en fait non. Cela dit, j'ai développé une addiction étrange pour tout ce processus. Avant chaque audition, je me plante devant la porte et mon cerveau anxieux énumère toutes les raisons pour lesquelles je ne devrais pas être là, pourquoi je devrais partir immédiatement. Mais après, le soulagement ressenti est extraordinaire. Que l'audition soit ratée ou réussie, avec l'afflux d'adrénaline qu'elle provoquait, j'étais complètement shooté. Je me retrouvais peut-être au bas de l'échelle du monde du cinéma, mais au moins je prenais mon pied.

On peut se sentir très seul à Los Angeles, surtout au début. Il existe peu d'expériences plus déconcertantes que se retrouver seul dans cette ville complètement folle à essayer de comprendre comment elle fonctionne. Mais à chaque fois que je suis revenu, je connaissais un peu plus de monde. Et plus je connaissais de gens, plus l'endroit devenait sympa. Et plus l'endroit devenait sympa, plus j'étais séduit par le climat, l'optimisme général et la qualité de vie. Malgré ses bizarreries, ou peut-être à cause d'elles, LA a commencé à me plaire. Jade et moi y avons effectué plusieurs séjours, et quand est venue l'opportunité d'auditionner pour *First Murder*, une série télé de Steven Bochco qui serait tournée à LA, j'ai foncé. Nous avons enregistré d'innombrables vidéos dans le salon des parents de Jade à Londres (merci, Stevie G) et j'ai passé un nombre incalculable d'entretiens pour décrocher le rôle. Mais j'ai fini par le décrocher et Jade et moi avons emménagé à Los Angeles avec mon chien Timber.

C'était la belle vie. Tout était plus grand, plus brillant. Tout était mieux. On s'est trouvé un tout petit bungalow en bois peint en blanc du côté de West Hollywood, avec un petit jardin et une clôture de piquets. Peu à peu, à mesure que le travail décollait, l'épouvantable solitude de LA a laissé place aux délices d'être une personnalité publique de la ville. En Angleterre, tout le monde se moque bien que vous soyez célèbre. Et quand ce n'est pas le cas, les gens se contentent de vous pointer du doigt et de murmurer quelque chose à l'oreille de leur copain, au pire ils viennent vous voir et demandent : « Euh, vous êtes bien le type du sorcier machin, là ? Vous savez, celui dans ce truc ? » Avec souvent en prime une remarque ironique. À Los Angeles, quand mon visage a commencé à être mieux connu, la froideur initiale a disparu et il a soudain semblé que *tout le monde* accordait de l'importance à ma célébrité, ce qui a flatté mon ego comme jamais. Des inconnus volubiles m'affirmaient qu'ils adoraient mon travail. Mon *travail* ? Autant que je puisse dire, je n'avais jamais travaillé de ma vie, si on met de côté mon job sur le parking de la pêcherie dans le Surrey. Mais qui étais-je pour les contredire ? Surtout quand ils me traitaient comme une star en bonne et due forme. Je n'avais jamais connu ça. Petit, mes trois grands frères s'étaient heureusement assurés que je reste bien sagement à ma place. À l'école et même par la suite, on ne m'avait jamais autorisé à me sentir différent. Là, à Los Angeles, tout le monde se mettait à me traiter comme quelqu'un que je n'étais pas.

Ça a commencé par les vêtements. On me proposait de la haute couture. Gratuitement ? Gratuitement. Génial. Puis on est passé aux voitures. J'ai rencontré quelqu'un qui s'occupait de la flotte VIP de BMW. De ma vie, je ne m'étais jamais considéré comme un VIP. Je ne savais même pas ce que ça voulait dire. Et soudain j'en étais un et on s'est mis à me prêter des voitures, apparemment quand je voulais. On se pointait devant une boîte devant laquelle il y avait la queue, parce que c'était *the place to be*, et d'un coup le cordon rouge se soulevait et on nous faisait passer sans attendre, parce que c'est comme ça quand on est une « star du cinéma ». Mon monde s'est transformé en un océan d'opportunités, de soirées folles et de trucs cools gratuits (je ne sais pas comment les décrire autrement). J'adorais ça. Jade adorait ça.

Qui n'aurait pas adoré ça ?

* * *

Dites à une personne qu'elle est géniale suffisamment souvent et elle finira par le croire. Léchez-lui bien les fesses et, tôt ou tard, elle pourra se voir dedans. C'est presque inévitable. J'étais arrivé devant ce nouveau restaurant chic dans une Lamborghini orange qu'on m'avait prêtée pour la semaine et les serveurs s'étaient précipités pour m'accompagner à la meilleure table, celle que je n'avais pu réserver à la dernière minute qu'en vertu de mon nom, tandis que des paparazzis immortalisaient mon entrée tellement discrète. Le Tom d'avant aurait directement sorti son téléphone pour appeler son frère et lui raconter à quel point c'était dingue. Il n'aurait pas cessé de se pincer parce que c'était complètement *incroyable*. Le nouveau Tom n'a pas fait ça. Le nouveau Tom a fait comme si tout ça était normal. C'est normal que vous m'ayez gardé la table la plus demandée de ce restaurant sélect dont la liste d'attente est plus longue que le Golden Gate Bridge. C'est normal.

J'agissais comme on me traitait. Pendant un temps, c'était très fun. Mais seulement pendant un temps. Le vernis s'est écaillé bien vite.

Je ne savais pas que je voulais ce genre de vie. Avec le temps, une vérité dérangeante s'est imposée à moi, petit à petit : je n'en voulais pas. Ça paraît peut-être ingrat. Ce n'est pas le but. J'étais chanceux et privilégié. Mais il y avait quelque chose de faux, dans cette vie. Je me suis rendu compte que, la plupart du temps, je n'avais pas envie d'aller à cette avant-première, ni dans ce restaurant chic, ni sur cette île des Caraïbes qu'on avait repérée pour notre prochaine escapade. Ma vie d'avant me manquait. Aller pêcher avec Chris me manquait. Comme regarder *Beavis et Butt-Head* avec Ash. Jouer de la musique avec Jink. Fumer un joint en douce avec les copains sur un banc public. J'avais la nostalgie de ces jours où mon temps libre pouvait être occupé à rapper sur un beat, plutôt que d'être trimballé le long du parcours de la célébrité. Avoir une conversation toute simple avec un être humain, qui ne me connaissait pas et s'en fichait, voilà ce qui me manquait. Ça et ma maman.

J'aurais dû tenir compte de ce sentiment et effectuer des changements dans ma vie en conséquence. J'aurais dû verbaliser mes inquiétudes, au moins pour moi-même. Mais quelque chose d'étrange se produisait. Dans un environnement où tout le monde se pressait pour me rendre des services, je me suis mis à perdre l'habitude de faire les choses moi-même, puis de penser par moi-même. D'avoir laissé ma toute nouvelle équipe de Los Angeles m'assister dans ma carrière d'acteur et m'immerger dans le mode de vie hollywoodien m'a attiré encore un cran plus loin, jusqu'à externaliser mes prises de décision quelles qu'elles soient, et même mes opinions propres. Quand les gens te rappellent tout le temps la chance que tu as et vantent les mérites d'un certain mode de vie, tu commences à les croire, même si dans le fond tu n'es pas d'accord avec eux. Soudain, ton sens critique se fait la malle et tu cesses d'être toi. Petit à petit, je devenais quelqu'un d'autre.

Plus j'étais plongé dans les ors et les décors d'Hollywood, moins j'avais de chance de tomber sur quelqu'un qui ne me connaissait pas et qui, surtout, s'en fichait pas mal. Plus les jours passaient et moins j'avais d'échanges sincères. Il y avait toujours un non-dit. Un sous-entendu. Un motif caché. Je n'étais pas moi-même. D'aussi loin que je m'en souvienne, j'ai toujours singé les pitreries et l'autodérision de mon père. Ce sens de l'humour était devenu pour moi une seconde nature, une partie intégrante de mon identité. Mais dans mon entourage à LA, il n'apparaissait plus. Tout le monde se prenait trop au sérieux. Tout le monde *me* prenait trop au sérieux.

D'autres aspects rentraient peut-être aussi en jeu, plus loin sous la surface. Ma famille avait connu son lot de troubles de la santé mentale. Ash avait dû être hospitalisé enfant, et Jink adulte. Il y avait dans mon sang une prédisposition à ce genre de problèmes. C'est facile pour moi de raconter une histoire de jeune garçon corrompu par Hollywood, mais c'était peut-être un peu plus que ça. Los Angeles avait indéniablement fait naître en moi une solitude étrange et m'avait éloigné de moi-même, des sentiments susceptibles, sans aucun doute, de déclencher des problèmes de santé mentale chez n'importe qui. Seulement, ces difficultés sont plus faciles à cacher derrière le cordon de velours ou le volant d'une Lamborghini neuve.

J'avais faim d'échapper à ce que je devenais, faim de rencontrer des gens qui s'en fichaient des tapis rouges, faim de mon ancien moi, faim de sincérité.

J'ai trouvé tout cela dans un bar : le Barney's Beanery.

26

La ballade
du Barney's Beanery

ou

Si j'étais riche

Laissez-moi vous parler du Barney's Barnery.

Rien n'est très ancien à Los Angeles, mais dans la catégorie des bars, le Barney's se classe parmi les plus vieux. C'est un rade de quartier qui arbore les cicatrices de soixante années de service. Il y a une plaque qui y désigne la place de Jim Morrison des Doors, et les murs sont chargés des souvenirs de toutes les décennies passées depuis les années soixante. Ils enregistrent le passage du temps à la manière des cernes d'un arbre. C'est peut-être pour ça que je l'aime bien. Le Barney's a déjà tout vu. Il se fiche bien de qui vous êtes.

Les habitués ne s'y intéressent pas plus : c'est un mélange coloré de je-m'en-foutistes aussi éloignés des beautés hollywoodiennes que possible. Mon genre de types. Je n'avais pas besoin de faire semblant avec eux. Je pouvais redevenir le blagueur sans chichi que mon père m'avait appris à être.

J'ai passé un nombre incalculable d'heures et de soirées au Barney's autour de mes vingt-cinq ans. Avant, je ne buvais pas beaucoup. Une coupe de champagne pour un mariage, à la limite, mais pas beaucoup plus. Seulement, quand on passe pas mal de temps dans un rade en quête d'une vie normale, on se retrouve inévitablement à picoler pas mal. Je suis passé d'un intérêt très modéré pour l'alcool à plusieurs pintes avant le coucher du soleil, chacune accompagnée de son shot de whisky.

La boisson peut rapidement devenir une habitude, même quand on nage dans le bonheur. Alors, quand on boit pour échapper à une situation néfaste, c'est pire. L'habitude est d'abord sortie du bar avant de s'inviter, de temps en temps, sur les plateaux. J'en suis venu à ne plus penser à rien d'autre, même au travail. J'arrivais pas préparé du tout, l'inverse du professionnel que j'aurais voulu être. Mais ce n'était pas l'alcool le problème. Ça, ce n'était que le symptôme. Le problème était plus profond et il m'attirait quasiment tous les soirs au Barney's. Je m'asseyais au bar, toujours une bière devant moi, parfois quelque chose de plus fort aussi, et j'écoulais tout ça avec les habitués. Jusqu'au petit matin, je passais le temps à boire, à dire n'importe quoi, à jouer aux palets américains. Je me racontais que je prenais du bon temps et, d'une certaine manière, c'était vrai. Mais d'une autre, je me voilais la face. Je me mentais sur moi-même, ou sur la situation dans laquelle je me trouvais. Et le Barney's était l'endroit idéal pour ça.

Je me suis lié d'amitié avec le personnel, surtout les femmes. Elles avaient tout vu, elles étaient solides comme le roc et pas réputées pour être aimables. Au bout de six mois environ, elles se sont radoucies en ma présence et on a commencé à rigoler. Elles avaient un sens de l'humour terrible. Pour moi, la majeure partie du plaisir d'une soirée au Barney's, c'étaient nos conversations et nos vannes respectives. C'est lors d'une de ces soirées que ma vie a basculé.

J'aurais dû être au lit ce soir-là parce que j'avais le lendemain un rendez-vous important dans le bureau de mon manager. Il n'était apparu dans mon agenda que la veille, mais je savais déjà que ce serait une grosse affaire. En temps normal, quand un membre de l'équipe avait un script à me faire lire, il me l'envoyait avant pour qu'on en discute ensuite. Là, on m'avait prévenu que je n'aurais pas besoin de lire quoi que ce soit avant de venir. J'ai naturellement supposé qu'il s'agissait d'un gros projet. J'étais très excité.

Cependant, loin de rester dans mon lit, j'ai passé toute la nuit au Barney's. Je n'avais pas dormi du tout et j'étais dans un sale état, ayant bu quelque chose comme sept whiskys de trop. J'ai dit bonne nuit et à demain aux filles. Le matin, quand j'ai tendu les clés au voiturier pour qu'il gare la Beamer devant l'immeuble du bureau, je me sentais déjà plus joyeux, surtout avec la perspective d'une belle proposition sur la table. L'immeuble était l'un de ces gratte-ciel tout en verre des quartiers chics. J'ai pris l'ascenseur jusqu'en haut, encore un peu grisé de ma nuit, et je me suis signalé à la réception. Deux minutes plus tard, mon manager me faisait entrer en salle de réunion.

Ai-je détecté un brin de raideur dans son attitude, un brin de retenue ? Peut-être, mais comme j'avais hâte de savoir de quoi il s'agissait, je n'y ai pas prêté attention.

Ça ne se voit pas au premier regard, mais cet immeuble avait abrité une banque auparavant. Il n'y avait pas de tables où compter les billets comme chez Gringotts, pas plus que d'épais registres ou d'employés poussiéreux. Tout était net, moderne. Mais il restait une de ces grandes portes blindées toutes rondes, qui menait au bureau où se tenaient les réunions particulièrement importantes. L'excitation est montée d'un cran quand mon manager m'a conduit par cette porte. On entrait dans la chambre forte ! C'est forcément une bonne nouvelle !

On en a franchi le seuil et mon sang s'est glacé d'un coup.

Ce n'était pas une grande pièce. Juste assez pour une table de réunion, moi et les sept autres personnes assises en cercle, à m'attendre. Jade était là aussi, assise à côté de deux de mes agents. Mon avocat. Mes deux managers. Et un grand inconnu chauve très effrayant.

Personne ne parlait. Ils me regardaient tous. J'ai tout de suite su qu'on m'avait attiré là sous un prétexte fallacieux, qu'il ne s'agissait pas du tout de parler d'un rôle énorme qui redéfinirait toute ma carrière d'acteur. Que voulaient-ils exactement ? Ça je l'ignorais. Mais leurs regards et l'énergie particulière de la pièce ne me disaient rien qui vaille. J'avais entendu parler des interventions, quand famille et amis se rassemblent pour expliquer à un proche que ses problèmes pourraient bien lui coûter la vie. Mais moi je n'avais pas de problème ! Si ? Ça ne pouvait pas être ça.

À moins que…

Je me suis écroulé par terre comme une vieille chaussette. La pièce tournait sur elle-même. Je me suis retrouvé la tête entre les mains à murmurer pour moi-même « Je peux pas, je peux pas… » Personne n'a rien dit. Ils continuaient à me regarder de cette manière sérieuse et sinistre. Je suis sorti de la pièce, mon cœur battait la chamade. Ils m'ont laissé partir. J'ai essayé de me calmer en fumant une cigarette, escorté du grand chauve, mais retrouver mon calme m'était impossible à ce moment-là. Un pesant sentiment de trahison et de viol m'envahissait. Tous mes collaborateurs et, pire, la personne la plus proche de moi, avaient conspiré pour m'attirer ici. Je n'avais rien vu venir. J'étais en colère. J'étais fatigué. Et pour tout dire, j'avais une grosse gueule de bois. J'ai pensé quelques instants à la fuite, mais j'ai renoncé pour une raison que j'ignore. Je suis retourné dans l'immeuble, puis dans la chambre forte. Tout le monde était encore là. Toujours à me regarder de cette manière qui me glaçait et me rendait furieux. Je me suis assis, sans vouloir ni pouvoir croiser un seul de ces regards. Puis le grand chauve, la seule personne que je ne connaissais pas dans la pièce, a pris les rênes.

C'était un professionnel des interventions. Celui qu'on appelle quand on veut être sûr du résultat. La boîte de mes managers avait payé pour qu'il gère tout le processus. C'était un service qui n'était pas donné et il était bon dans son boulot. Il avait tout vu. Aucune de mes réactions ne pouvait le surprendre. Il a dit qu'il savait qu'en ce moment j'étais en colère mais qu'arriverait un point où je pardonnerais tout le monde dans cette pièce pour ce qu'ils avaient fait. Je lui ai dit du regard d'aller se faire voir. Le pardon ne me semblait pas vraiment probable. J'étais épuisé. Tout tournait. Je m'accrochais. La nuit précédente, j'avais parlé honnêtement et ouvertement à mes connaissances au Barney's. Là je me retrouvais entouré de prétendus amis qui m'avaient menti, qui m'avaient fait miroiter un nouveau rôle afin de m'attirer là. Tous des hypocrites. S'ils s'inquiétaient tant, pourquoi n'étaient-ils pas venus me voir chez moi pour me parler comme n'importe qui ? Le pardon ? Va te faire foutre. Il était bien loin, le pardon.

Tout le monde dans la pièce m'avait écrit une lettre. Ils l'ont tous lue, l'un après l'autre. C'était très bref en général. J'ai effacé le souvenir de la plupart, semble-t-il. J'ai écouté Jade et les autres me raconter à quel point ils s'inquiétaient de mon comportement, de mes abus d'alcool et d'autres substances. Je n'étais pas du tout en état de les entendre. En ce qui me concernait, mon vice se résumait à quelques bières par jour, un whisky de temps en temps et peut-être un ou deux joints. Ce n'était pas comme si je me réveillais tous les matins avec une bouteille de vodka vide dans la main, au milieu de flaques de mon vomi. Je ne me planquais pas dans une *crack house* pour fumer de l'opium, incapable de bosser ou hors de contrôle. Je me souviens d'avoir pensé, en écoutant Jade : *Est-ce que tu as instigué ce truc juste parce que je ne suis pas le petit ami parfait ?* Non, bien sûr. En fait, elle n'avait été mise au courant que quelques heures auparavant. Mais ma colère et ma frustration me collaient dans la tête des pensées qui n'avaient rien à y faire.

Une lettre a frappé particulièrement fort. Elle était écrite par la personne que je connaissais le moins. Mon avocat, que je ne croisais presque jamais en personne, a parlé avec une honnêteté tranquille. « Tom, a-t-il dit, je ne te connais pas très bien, mais tu parais être un chic type. Tout ce que je peux te dire, c'est que c'est la dix-septième intervention à laquelle je participe dans ma carrière. Onze de ces personnes sont mortes. Ne sois pas la douzième. »

Ce sont les mots qui ont réussi à briser ma coquille de colère et de déni. Même si je jugeais toujours que c'était une réaction hyperexagérée à un problème inexistant, sa sobre plaidoirie m'a fait courber l'échine.

Ça faisait deux heures qu'on était là. Tout le monde avait dit ce qu'il avait à dire. Tout le monde était vidé. Surtout moi.

« Que voulez-vous que je fasse ? ai-je supplié.

— On voudrait que vous suiviez un traitement, a répondu l'interventionniste.

— Désintox ?

— Désintox. »

Un truc qu'il faut savoir sur les centres de désintoxication californiens, c'est qu'ils sont hors de prix. Ça peut dépasser quarante mille dollars par mois. Quarante mille dollars pour rester dans un centre contre ma volonté ? Tu te fous de ma gueule. L'idée même était complètement absurde. Seulement, l'intervention m'avait mis en état de choc. La pression de me plier à leurs injonctions était immense. « OK, ai-je déclaré d'un ton dramatique. J'irai dans votre centre de désintox si c'est si important pour vous. Je ne boirai pas pendant trente jours, vu que vous pensez que c'est un si gros problème que ça. »

Silence.

L'interventionniste a repris la parole.

« Nous avons une place réservée à Malibu, il faut que vous y alliez tout de suite.

— OK. Je repasse par la maison pour rassembler mes affaires, je pourrai y être demain, peut-être après-demain. »

Il a secoué la tête.

« Non, la voiture vous attend. Il faut y aller *maintenant*. Tout de suite. Sans détour. »

J'ai cligné des yeux. Ils étaient devenus fous ? C'était scandaleux. Étais-je si délabré que ça ne pouvait pas attendre vingt-quatre heures ? Qu'est-ce qu'on leur avait raconté ? Comment en était-on arrivé là ? Est-ce que j'avais au moins mon mot à dire ?

On m'a répondu assez clairement que, non, je n'avais pas mon mot à dire. « Si tu ne te fais pas aider maintenant, m'a dit l'un de mes managers, nous ne pourrons plus te représenter. »

Fin de l'histoire.

« Il me faut ma guitare », ai-je précisé.

Ils ont refusé.

« Il me faut des fringues de rechange. »

Ils ont refusé.

J'ai continué de protester comme ça pendant une heure. Personne ne bougeait d'un pouce. Il fallait que je monte dans cette voiture avec l'interventionniste et que je le fasse maintenant.

Alors finalement j'ai cédé. Je n'avais plus la force de me battre.

C'était un des moments les plus surréalistes de ma vie, d'abandonner ainsi toute la maîtrise des événements et de sortir de ce building en verre étincelant en compagnie de l'interventionniste et jusqu'à son véhicule. Le trajet jusqu'à Malibu a pris environ une heure. Une heure longue et solennelle passée en silence côte à côte. Alors qu'on approchait de Malibu, il s'est tourné vers moi pour me demander : « Tu veux t'arrêter boire une dernière bière ? Avant d'arriver au centre ? »

Je crois qu'il essayait seulement de me faciliter les choses mais, sur le moment, cette question m'a plongé dans la perplexité. Tout le monde s'accordait à juger que j'avais un problème d'addiction. Je n'étais pas d'accord, pas à l'époque, mais pourquoi irais-je m'arrêter boire une bière et leur montrer à tous qu'ils avaient raison ? « Non, je ne veux pas m'arrêter pour une fichue bière », lui ai-je répondu.

Il a acquiescé. « OK, très bien. » On s'est replongé dans le silence après ça et les kilomètres ont défilé pendant que j'enchaînais cigarette sur cigarette, le seul vice qui ne leur posait pas de problème. Bientôt, les portes du centre allaient paraître à ma vue.

* * *

Le centre était au fond de la vallée d'un vaste canyon, au bout de trois kilomètres de descente en lacets dans les forêts denses de Malibu. Tandis que nous parcourions cette route, je me suis senti engourdi. Les lieux étaient splendides. À couper le souffle. Pourtant, j'aurais voulu être n'importe où sauf ici.

L'interventionniste m'a lâché devant une grosse maison blanche au fond du canyon. C'était plutôt joli, encore heureux pour quarante mille dollars. J'avais à peine ouvert la bouche de tout le trajet. En franchissant le seuil du centre, je me suis senti comme dans un mauvais rêve. J'ai signalé ma présence à la réception. Ils m'attendaient. Le grand chauve m'a laissé à leurs bons soins.

Une infirmière m'a fait asseoir et m'a posé quelques questions. Quelles substances prenez-vous ? Combien ? Souvent ? J'ai répondu en toute honnêteté, mais j'avais toujours l'impression de ne rien avoir à faire là. Je n'étais pas le genre à avoir besoin d'un shot dès le matin pour tenir toute la journée. Je ne prenais pas un peu d'héro de temps en temps. C'était un gros malentendu. L'infirmière a enregistré mes réponses. Puis elle a demandé : « Voulez-vous un alias ? »

Je n'ai pas compris. « Qu'est-ce que c'est ?

— Pendant que vous serez ici, il faudra que vous portiez un badge avec votre nom. Si vous préférez, on peut mettre un alias à la place. Comme Bob, ou Sam. »

J'ai pigé. Elle m'avait reconnu et elle essayait de se montrer compréhensive. Mais je n'étais pas d'humeur à être ménagé. « Si les gens me reconnaissent comme le type des *Harry Potter*, ce sera par mon visage, pas par un nom écrit sur un badge. Vous pourriez m'écrire "Mickey Mouse" sur la poitrine, personne ne pensera que c'est moi. »

Sans surprise, l'infirmière s'est mise sur la défensive. « Nous pensons simplement que ce serait un bon moyen de protéger votre anonymat », a-t-elle précisé.

Pour je ne sais quelle raison, cette proposition avait déclenché en moi une colère irrationnelle. J'ai respiré un grand coup pour contrôler mes émotions. « Je ne veux pas de putain d'alias. » Le sujet était clos.

Ensuite, j'ai dû supporter deux heures d'analyses médicales. Ils ont pris des échantillons de sang et d'urine. Ils m'ont fait souffler dans le ballon. Ils ont éclairé mes yeux à la lampe torche, ils m'ont sondé et tripoté. Puis ils m'ont fait entrer en désintox.

La désintoxication est le processus qui consiste à s'assurer que votre corps ne contient plus de substance addictive avant de commencer le traitement. J'avais encore de l'alcool dans le sang, souvenir de la nuit passée, ils m'ont donc emmené dans une petite chambre sans fioritures, toute blanche, aux meubles simples et vieillots. Vraiment pas le grand luxe. Il y avait deux lits, je partageais la chambre avec un autre type. Il était là depuis trois jours et n'était pas encore sobre. J'avais peur. Je n'avais aucune idée de qui était ce type. Il était allongé sur son lit, tremblant, en descente de méthamphétamine, à murmurer des trucs incompréhensibles. Je me sentais mal et assommé. J'avais bu un peu trop de whisky un soir et voilà que je partageais une chambre avec un toxico. On a un peu parlé. Je ne comprenais pas tout ce qu'il disait, mais il était parfaitement évident qu'il souffrait bien plus que moi. Ça ne m'a pas aidé à me sentir à ma place.

On m'avait administré un genre de sédatif, si bien que j'ai dormi profondément cette nuit-là. Quand je me suis réveillé, ils m'ont fait souffler dans le ballon et j'étais négatif. J'étais resté douze heures en désintox avant d'en sortir. J'ai alors eu le droit à la visite des lieux : les cuisines, le séjour, le parc. Il y avait une table de ping-pong. Ça m'a rappelé le chemin parcouru depuis le barnum des studios Potter, où Emma m'avait giflé en tout bien tout honneur. Ce souvenir m'a transpercé le cœur. J'ai beaucoup pensé à Emma tandis que je me demandais comment j'étais tombé aussi bas.

On m'a présenté quelques patients, tous avec leur badge comme pour un *speed dating*. J'ai vite appris la question standard pour briser la glace en ces lieux : « C'est quoi ta DDP ? » Ta drogue de prédilection. Quand on me demandait ça, je répondais l'herbe et l'alcool. Et vu qu'on me le demandait, je me sentais obligé de poser la question à mon tour. La grande majorité était là pour ce qui paraissait être des prédilections bien plus dangereuses que les miennes : héroïne, opioïdes, benzodiazépines, méthamphétamines, crack. La plupart buvaient aussi, mais c'était secondaire comparé à leur DDP.

Je ne veux pas donner l'impression que c'était *Vol au-dessus d'un nid de coucou*. Personne ne jetait ses excréments dans la pièce, personne ne criait, personne ne faisait de crise de rage incontrôlée. Cependant, les effets secondaires des addictions étaient violents et dérangeants. La plupart des patients étaient pris de tremblements incontrôlables et ne pouvaient pas regarder quelqu'un dans les yeux plus d'une seconde. Ils cherchaient leurs mots. C'était inquiétant, à tout le moins.

Il n'y avait pas que les patients qui me faisaient l'effet d'être un extraterrestre. Tout le concept de se trouver dans un centre de désintox américain était complètement étranger à un petit gars du Surrey dans mon genre. L'idée de payer des sommes exorbitantes pour se mettre en retrait de l'humanité était dérangeante et franchement étrange. J'étais le plus jeune de tous, mais les autres n'étaient pas vraiment vieux. Je supposais que tous avaient des familles riches qui finançaient leur cure. La façon dont ils avaient été élevés était, pensais-je, à des kilomètres de la mienne. Ce n'étaient pas des gens comme moi. Je n'avais rien à faire là. Mon sentiment de malaise s'accentuait.

La fatigue émotionnelle de ces vingt-quatre dernières heures était intense. Ça et les médicaments qu'on m'avait donnés pour me calmer me mettaient dans un état d'esprit solitaire, reclus, presque passif. J'ai tenu toute la journée je ne sais pas trop comment, en échangeant à l'occasion deux mots avec d'autres patients, mais surtout en restant dans mon coin. Si quelqu'un m'avait reconnu, il n'en avait rien dit. J'imagine qu'ils avaient déjà bien assez à faire avec leurs problèmes à eux. Pourquoi s'intéresser à un branleur du balai qui a tourné dans un film de sorciers, alors qu'ils traversaient l'enfer ?

Le soir est venu. J'ai pris mon dîner. J'ai regardé le soleil se coucher haut au-dessus de moi, derrière le canyon. Je suis sorti pour une bouffée d'air frais. Tout ce que j'avais sur moi, c'était un vieux paquet de cigarettes. J'ai dû demander autour de moi pour trouver un briquet. On m'avait dit que si je voulais fumer, je devais aller m'asseoir sur un des bancs prévus à cet effet, mais je ne l'ai pas fait. Je suis allé m'asseoir sur l'herbe. Personne ne m'a grondé ni ne m'a demandé de bouger, alors je suis resté là, avec ma cigarette, à réfléchir à ma situation et à ces deux derniers jours. J'avais clairement atteint un tournant dans ma vie. Je n'étais peut-être pas d'accord avec la décision de ceux qui m'avaient envoyé là. J'étais certain de ne pas être à ma place. Mais j'étais là et il fallait que je prenne une décision. Est-ce que j'allais jouer le jeu de cette cure ?

Ou prendre un autre chemin ?

Je ne savais pas encore, en arrivant à la fin cette cigarette, que les heures à venir allaient redéfinir le reste de ma vie. J'ignorais que j'allais atteindre un nadir terrible et devoir compter sur la bienveillance d'inconnus pour m'en tirer. Tout ce que je savais, c'est que j'étais en colère et que je ne voulais pas être là.

Alors je me suis levé et j'ai marché.

* * *

Je n'ai pas vraiment pensé à ce que ce moment de révolte pourrait m'apporter, tandis que je remontais les lacets de la route. Après quelques centaines de mètres, je me disais qu'un type de la sécurité allait sprinter vers moi et me tacler comme au rugby d'une minute à l'autre. Je serais traîné jusqu'à ma chambre et c'en serait fini.

Personne n'a sprinté. Pas de tacles comme au rugby.

Deux minutes sont devenues cinq et cinq sont devenues dix. Le centre a disparu de ma vue. J'ai continué à remonter la route pentue, encore convaincu qu'on allait me choper. Qu'il y aurait des portails de sécurité et des caméras un peu plus loin. Des patrouilles qui, d'une seconde à l'autre, me rattraperaient. Je crois que j'avais presque envie qu'on me rattrape. Ça m'aurait donné une autre raison d'être en colère.

Personne n'est venu. J'ai continué de marcher. Encore. Un kilomètre de plus vers le sommet de la colline. Deux. Trois. J'ai atteint le sommet, il y avait une barrière. J'ai réussi à l'escalader péniblement. Le sol était un peu traître. Je portais mes frusques habituelles, je n'avais rien d'autre sur moi que quelques cigarettes. Pas de téléphone, pas de portefeuille, pas d'argent et pas de briquet. Mais j'ai continué à marcher et j'ai bientôt vu des phares de voitures qui circulaient au loin : la Pacific Coast Highway. Je savais qu'au-delà, il y avait l'océan, et j'avais toujours eu une affinité particulière avec l'océan. Il m'a appelé et j'ai marché dans sa direction.

J'avais dans un coin de la tête cette idée qu'ils me cherchaient, à présent. Je suis donc passé en mode *Grand Theft Auto*. Dès que je voyais une voiture s'approcher, je me baissais ou je plongeais dans un buisson ou dans le fossé, m'égratignant le visage et les bras jusqu'au sang. J'ai sauté des barrières et couru dans la pénombre jusqu'à atteindre enfin une plage sauvage et déserte. La Lune brillait fort. J'étais à présent couvert de boue, de sang et de sueur. L'envie d'aller dans l'eau m'a saisi. D'un coup, toute la frustration a explosé. J'étais, je m'en rends compte à présent, complètement sobre pour la première fois depuis des années. Cette lucidité et cette colère étaient écrasantes. Je me suis mis à hurler, contre Dieu, contre le ciel, contre tout le monde et contre personne, plein de rage pour ce qui m'arrivait, contre la situation dans laquelle je me trouvais. J'ai crié à pleins poumons vers le ciel et l'océan. J'ai crié jusqu'à ce que tout sorte, jusqu'à ne plus pouvoir crier.

J'ai fondu en larmes. J'étais boueux, mouillé, échevelé, rompu. Mes vêtements étaient sales et déchirés. Je devais avoir l'air d'un fou. D'ailleurs, je me sentais fou. Alors que mes cris résonnaient sur l'océan avant de s'éteindre dans le néant, un grand calme m'a finalement traversé. Comme si Dieu m'avait entendu. J'ai bien vite senti l'appel d'une mission nouvelle. Il fallait que je retrouve le seul espace de normalité. Il fallait que je retourne au Barney's Beanery. Ce n'était pas une mission facile. J'étais à des kilomètres et des kilomètres de West Hollywood. Sans téléphone et sans argent, je n'avais que mes pieds pour y parvenir.

J'ai poursuivi mon chemin furtif le long de la plage, la tête basse. J'ai dépassé les étendues des villas chics de Malibu qui brillaient dans la nuit comme une invitation, mais là, au bord de l'eau, personne ne me voyait. La plage était abrupte et les vagues s'y brisaient bruyamment. Il n'y avait pas de sentier. J'ai surtout pataugé dans l'eau, mes chaussures et mon pantalon trempés, gardant à grand-peine mes trois cigarettes au sec. De temps en temps la plage s'interrompait et je devais escalader des rochers pour rejoindre le sable. J'étais épuisé, physiquement et mentalement. J'étais déshydraté. Je n'avais aucune idée d'où j'étais ni d'où j'allais. West Hollywood et le Barney's Beanery restaient là où ils étaient : à une distance inatteignable.

J'ai rejoint une zone calme et reculée, le long de la côte. Un peu plus dans les terres, il y avait une station-service. J'ai marché dans sa direction. Je devais avoir l'air extrêmement faible, émergeant de l'océan, à l'approche du seul bâtiment en vue. L'ombre de ce que j'avais jamais été. Tout ce que je voulais, c'était un briquet. Je trouverais peut-être quelqu'un qui avait ça, là-bas.

* * *

Trois personnes m'ont sauvé cette nuit-là. Ce sont mes trois rois. Leur gentillesse m'a non seulement aidé à retourner où il fallait que je sois, elle m'a aussi poussé à examiner ma vie et y déceler ce qui comptait le plus. En titubant vers cette pompe sordide, je n'avais aucune idée que je m'apprêtais à rencontrer le premier d'entre eux.

Il n'y avait personne à part un vieil Indien qui assurait le service du soir. Quand je lui ai demandé du feu, il m'a répondu gentiment : « Désolé, Monsieur, je ne fume pas. »

Je l'ai regardé, l'œil vide. Puis j'ai balbutié des mots de remerciement et je suis sorti chancelant. J'allais reprendre mon chemin mais j'ai vu que le type me suivait. « Tout va bien ? » a-t-il demandé.

Je ne savais pas quoi dire. Comment lui communiquer à quel point ça n'allait pas ? Alors j'ai dit, la gorge sèche : « Vous n'auriez pas un peu d'eau ? »

L'homme a désigné la station derrière lui. « Allez au frigo. Prenez une bouteille. Une grande. »

Je l'ai remercié et je suis retourné dans la station pour prendre une bouteille d'eau de deux litres. Lui était retourné derrière son comptoir. « Où allez-vous ? » m'a-t-il demandé.

Je lui ai répondu : « West Hollywood.

— C'est loin.

— Ouais.

— Vous n'avez pas d'argent ? »

J'ai secoué la tête. Il a souri, il a sorti son portefeuille et en a tiré un billet de vingt dollars. J'ai vu que c'était son dernier. « Tenez. »

Je les ai fixés, lui et le billet de vingt.

« Je ne suis pas riche, a-t-il précisé doucement, je n'ai pas beaucoup d'argent. Je n'ai pas une grosse maison.

Je n'ai pas une belle voiture. Mais j'ai ma femme et mes enfants, et mes petits-enfants, ce qui veut dire que je suis riche. Très riche. » Il m'a renvoyé un regard perçant, puis il a incliné un peu la tête. « Et *vous*, vous êtes riche ? »

Mon réflexe a été d'éclater d'un rire piteux. « Si je suis riche ? Je suis millionnaire ! Et me voilà à vous mendier une bouteille d'eau et votre dernier billet. » En moi-même j'ai pensé, sans le dire tout haut : *Je ne suis pas riche du tout. Pas à ta façon.*

Il a souri à nouveau. « Ça devrait vous avancer un peu jusqu'à West Hollywood.

— Je promets de revenir vous trouver pour vous rembourser. »

Il a secoué la tête. « Pas la peine. Faites de même la prochaine fois que vous croiserez quelqu'un dans le besoin. »

Je l'ai remercié profusément en quittant la station. Sa gentillesse avait agi comme un baume. Un remontant. J'ai commencé à croire que je remplirais ma mission. J'ai continué le long de la Pacific Coast Highway dans l'obscurité totale. À chaque fois que passait une voiture, je plongeais sur le côté et me cachais dans un buisson. Après quelques kilomètres de plus dans mes chaussures trempées, une vieille Ford Mustang m'a dépassé. Je me suis baissé pour ne pas être vu. Une centaine de mètres plus loin, l'étincelle orangée d'un mégot de cigarette jaillissait de sa fenêtre jusque sur la route. J'ai couru vers lui dans l'espoir fou d'allumer une de mes cigarettes humides à ce foyer minuscule. Je l'ai atteint à temps et j'ai fumé les trois cigarettes l'une après l'autre, chacune allumée par la précédente, accroupi au bord de la route. J'ai salué les cieux et remercié Dieu de cette intervention. Puis j'ai continué à marcher.

C'est à la station suivante que j'ai croisé mon deuxième roi, à plusieurs kilomètres de la première. J'étais harassé, toujours trempé et en sueur, sanglant et couvert de poussière. J'ai titubé dans la boutique et demandé au type de service s'il connaissait quelqu'un qui pourrait m'aider. Il a répondu non, il a croisé les bras et m'a demandé de partir. Il n'était pas loin de minuit et il n'y avait qu'une voiture garée là, la première que je croisais depuis un bon moment. J'ai clopiné jusqu'à elle et j'ai tapoté la portière tout doucement. Le conducteur, un jeune type noir de deux fois ma taille, a baissé sa vitre. J'ai commencé à dire : « Mon pote, je sais que ça paraît étrange, mais... »

Il a secoué la tête. « Je suis un Uber. Si tu veux que je te conduise quelque part, réserve sur ton téléphone. »

Mais je n'avais pas de téléphone. Je n'avais que ces fringues déchirées et humides et le billet de vingt que l'Indien m'avait donné. J'ai inventé une histoire à dormir debout : ma copine et moi, on s'était disputés très fort et elle m'avait jeté là au milieu de nulle part. Tout ce que j'avais, c'étaient vingt dollars. Est-ce qu'il accepterait de m'avancer jusqu'à Hollywood, aussi loin que ce billet le permettrait ? Je devais faire pitié et, vu ma dégaine, il aurait dû secouer la tête et remonter sa vitre. Mais il ne l'a pas fait. Il m'a regardé de haut en bas, puis il m'a dit de grimper à l'arrière. Jamais une banquette ne m'avait parue si confortable. Il a demandé : « Où veux-tu que je te dépose ? »

Je lui ai répondu « Barney's Beanery » et j'ai répété que je n'avais que vingt dollars et qu'il pouvait me larguer dès que ça ne suffirait plus. Il a balayé mes protestations d'un revers de la main. Peut-être avait-il jugé que je n'étais pas en état de survivre à une randonnée jusqu'à West Hollywood. Peut-être, comme l'Indien de la station d'avant, était-il seulement gentil. « Je vais t'amener là-bas », a-t-il dit. J'avais du mal à comprendre ce qui le poussait à être aussi généreux. Il voulait un autographe ? Une photo pour ses enfants ? Non. Il voulait simplement aider un type dans le besoin. Il a fait tout le trajet. Une course à soixante dollars, peut-être plus. Je l'ai supplié de m'écrire son nom et son numéro pour que je puisse les lui rendre, mais il a refusé encore une fois. « T'inquiète, mec. Y a pas de problème. »

Il était une heure et demie du matin quand il m'a déposé devant le Barney's. J'ai fait une dernière tentative pour qu'il me laisse son numéro et que je lui paye la course plus tard, mais il ne voulait rien entendre. Il a redémarré et il a disparu de ma vue. Je ne l'ai jamais revu.

Je me suis tourné vers le Barney's. C'était l'heure des videurs. La plupart des clients étaient déjà partis. Je n'en revenais pas d'être arrivé jusqu'ici par la générosité d'inconnus. Vidé, sale, j'ai titubé jusqu'à la porte d'entrée. J'ai vu Nick, le videur. Il me connaissait bien. J'étais un habitué, après tout. Il m'a détaillé des pieds à la tête, bien au courant que tout ne tournait pas rond. Il n'a fait aucun commentaire. Il m'a ouvert le passage en disant : « Il est tard, mon gars, mais si tu veux t'en jeter un petit vite fait... »

Je suis rentré. Il restait quelques piliers qui décoraient le bar. Mes yeux se sont instantanément posés sur leurs verres et j'ai été frappé du fait que je n'avais pas bu une goutte d'alcool ni même pensé à le faire dans ces dernières quarante-huit heures. Je suis resté planté sur place, sans savoir ce que je faisais là. Le barman a automatiquement posé une bière sur le comptoir. Je me suis dirigé d'instinct vers le verre, avant de me rendre compte que je n'y portais aucun intérêt. Je me suis éloigné de la bière et j'ai repassé les portes du bar. Nick dégageait les deniers buveurs. Je regardais dans le vide. Il m'a demandé :

« Ça va, mon gars ?

— Tu peux me prêter vingt balles ? Pour que je puisse rentrer ? »

Nick m'a regardé longuement, fixement. « Où sont tes clés ?

— Je les ai pas, mon pote. J'ai rien. »

En disant ça, je repensais aux mots de l'Indien de la station-service. *Êtes-vous riche ?*

« Tu vas venir chez moi, a répondu Nick. Allons-y. » Je n'ai pas posé de questions.

Nick est devenu mon troisième roi cette nuit-là en me ramenant chez lui. C'était un petit appartement, mais chaleureux et confortable, très accueillant. Il m'a assis, m'a préparé des tasses de thé à n'en plus finir et m'a écouté parler pendant trois heures. Les mots sortaient de moi comme un torrent. Des peurs que je n'avais jamais articulées sont sorties de quelque part en moi. La vérité de ma situation a été mise au jour. J'ai affronté la vérité que j'avais le plus peur d'admettre depuis trop longtemps : je n'aimais plus Jade. Elle avait été décisive pour maintenir ma carrière sur les rails, pas de doute là-dessus. Mais j'étais devenu trop dépendant d'elle, pour mon bien-être comme pour mes opinions. Cela m'avait empêché de discerner la vérité sur mes propres sentiments, aussi dérangeante soit-elle. Nous n'attendions pas la même chose de la vie. Je n'étais pas honnête avec elle. Pire, je n'étais pas honnête avec moi. Si je voulais me sortir de là et si je voulais bien faire les choses pour Jade, alors je devais lui dire la vérité.

Le soleil s'était levé. La police m'avait cherché une grande partie de la nuit, ai-je découvert plus tard. De même que Jade et mes amis. Pour ce qu'ils en savaient, je pouvais être mort dans une forêt de Malibu, ou en train de croupir dans une cellule. Quand l'aube s'est levée, j'ai demandé à Nick si je pouvais lui emprunter son téléphone. J'ai appelé Jade et je lui ai dit où j'étais.

Elle a été incroyablement soulagée d'entendre ma voix et de savoir que j'allais bien. Elle est venue me chercher. On est rentrés à la maison. Je me suis assis avec elle et je lui ai expliqué ce que je ressentais. C'était riche en émotions brutes. Je transformais le cours de nos vies en une conversation. Ce n'était pas le genre de choses qu'on pouvait dire ni entendre à la légère. Je lui ai dit que je ferais tout pour elle, et que ce serait comme ça pour toute la vie, et j'étais sincère. Mais que je m'étais perdu en route et qu'il fallait que je retrouve mon chemin. Elle a accepté mes explications avec une grâce que je ne méritais probablement pas. Ainsi s'achevait notre histoire.

J'avais passé la nuit à chercher ma route jusque chez moi, et je me rendais compte d'un coup que je n'y étais pas encore. L'intervention m'avait dérangé. Elle m'avait rendu furieux et confus. Mais je commençais à comprendre qu'elle émergeait d'un souci sincère et que j'avais effectivement besoin d'aide. J'allais le faire, pour moi.

27

Du temps bien dépensé

ou

Différentes versions de moi-même

Désintox. Le mot fait peur. Je ne crois pas qu'il devrait. Les quelques semaines que j'y ai passé à me retrouver sont parmi les plus importantes, les meilleures de ma vie, même si je ne m'en suis pas rendu compte sur le moment. L'intervention avait été humiliante et douloureuse. Le premier centre qu'on m'avait réservé n'était pas le bon endroit pour moi. Avec le recul, je suis quand même content d'avoir traversé tout ça, parce que ça a entraîné quelques épiphanies qui allaient changer ma vie pour le mieux. Je ne crois pas que mon addiction méritait le genre d'intervention que j'avais subie, mais je suis content que ça me soit arrivé, parce que ça m'a brièvement sorti d'un monde qui me rendait malheureux et ainsi permis d'y voir plus clair. J'ai fini par comprendre que tous ceux qui étaient présents dans la pièce ce jour-là tenaient à moi. Pas à ma carrière ni à ma valeur, mais à moi.

Après cette conversation difficile avec Jade, j'ai décidé de m'inscrire moi-même dans un centre au cœur de la campagne californienne, à des kilomètres de tout. Il était plus petit que l'autre, c'était un centre familial qui s'occupait de quinze patients au maximum. C'était bien moins un centre médical qu'un sanctuaire pour jeunes gens en difficulté. Il y avait deux maisons. Une pour les garçons, une pour les filles. Les patients étaient surtout là pour des addictions aux médicaments, avec un peu d'alcool de temps en temps. Ce n'étaient pas les malades très sérieux qu'on m'avait forcé à côtoyer après l'intervention. Ce qui ne veut pas dire qu'ils n'avaient pas de problèmes : ils en avaient, et de plus graves que les miens, ça se voyait tout de suite. Toutefois, je me suis immédiatement senti proche d'eux. Je me sentais plus à ma place.

D'un coup, mes journées sont devenues très structurées. Je me suis rendu compte que ça me manquait. Dans mon enfance, sur le plateau de *Harry Potter*, on m'avait imposé une structure sans que je m'en aperçoive. On me disait quand être là, où me tenir, où regarder, quoi dire. Il y a quelque chose de très apaisant dans ce genre de certitudes. Quand elles ont longtemps fait partie de la vie, leur absence désoriente. Voilà qu'elles étaient de retour. On se levait avec le soleil pour les grâces matinales, qui consistaient à s'asseoir en cercle alors que l'un de nous lisait un poème, un proverbe ou une prière qui orientait les objectifs de la journée. Il s'agissait de petits objectifs accessibles : je décidai par exemple de moins répondre (mon effronterie infantile ne m'avait pas tout à fait quitté). On passait ensuite au petit déjeuner, après quoi on assistait à des cours d'une heure toute la journée, avec une pause de cinq minutes entre chaque pour prendre l'air. Certains en groupe, d'autres particuliers. Il y avait de la thérapie cognitive et comportementale, de l'hypnothérapie, du conseil. On riait, on pleurait, on parlait ouvertement, avec honnêteté, à tout le monde. On se disait nos pensées, nos problèmes et ce qui nous avait amenés là.

Le meilleur moment du traitement, c'était quand on nous autorisait à quitter le centre pour un peu de travail bénévole dans un food truck à destination des sans-abri dans Venice Beach. J'ai adoré l'esprit de camaraderie de tous les volontaires. Certains étaient des patients du centre, d'autres des locaux, certains étaient vieux, d'autres jeunes, tous étaient unis pour aider les gens dans le besoin. Peu importe qui on était ou ce qu'on avait fait, du moment qu'on était là pour aider. J'ai adoré. (Et j'ai appris à faire des burritos, un mot que je n'avais jusque-là entendu qu'en regardant *Beavis et Butt-Head* avec Ash.)

On était tous des inconnus dans ce centre, chacun avec nos vulnérabilités propres. Dans un environnement de ce genre, les liens se créent vite. Ça devient une famille. En quelques jours, on se met à tenir beaucoup aux autres. Rien que ça, ça vous transforme. Avant, je passais des journées entières au lit, faute d'avoir la moindre raison d'en sortir. Et j'étais incapable de ressentir de la compassion envers quiconque, tant j'étais préoccupé par mon propre cas. Là, peindre ma guitare avec un inconnu ou lui apprendre quelques accords au ukulélé sont devenus les trucs les plus importants de ma vie quotidienne. On était tous tellement ouverts qu'on s'est mis à se préoccuper davantage des autres que de nos problèmes : l'outil suprême de la santé mentale. Soudain, on était capable de remettre en perspective tout ce qui nous bouleversait.

* * *

Les règles du centre m'ont bien convenu. Elles m'ont aidé à me remettre d'aplomb. Elles ont aussi signé ma chute. Parce que, soyons francs, suivre des règles n'a jamais trop été mon truc.

À chacun son espace : c'était important. Interdit de se toucher. Tout signe d'affection était rigoureusement banni. Un câlin ? Oubliez. Ça me paraissait bizarre, mais maintenant je comprends l'intérêt. Toutefois, je sortais tout juste d'une longue relation et il y avait plein de jolies filles autour, une en particulier. En quelques occasions, les thérapeutes nous ont surpris à nous bécoter dehors, alors qu'on prétendait sortir les poubelles. Un soir, j'ai commis le péché capital de m'infiltrer chez les filles et jusque dans sa chambre. Je n'avais honnêtement rien de très vicieux en tête. Elle avait été très silencieuse au dîner et je voulais m'assurer que tout allait bien. Mais quand j'ai entendu frapper à la porte, j'ai eu très peur de me faire choper et réprimander. J'ai filé sous le lit. La porte s'est ouverte. J'ai retenu ma respiration. J'ai vu une paire de chaussures s'approcher et s'arrêter au bord du lit. Un instant de silence gêné, puis le visage d'une femme est apparu, à l'envers. Je lui ai sorti un sourire que j'espérais chaleureux, un mini-salut de la main, et j'ai couiné : « Salut !

— Qu'est-ce qui se passe ?

— Rien !

— Qu'est-ce vous fabriquez sous le lit ?

— Rien ! »

Je dois admettre que ça avait l'air louche. La femme m'a regardé les yeux remplis de déception, un peu comme ma mère la fois où on m'avait arrêté.

Le lendemain, j'avais le droit de sortir pour enregistrer une voix dans un film d'animation. Je suivais le traitement depuis trois semaines. J'étais complètement sobre, l'esprit clair, tout tournait bien, j'étais positif. L'interventionniste est venu me chercher et m'a accompagné au studio. À la fin de la prise, j'étais sur un petit nuage. Mais avant de monter en voiture, il m'a dit que je n'avais plus le droit de continuer le traitement. Je devais retourner au centre où mes affaires étaient déjà rassemblées, et partir sans dire au revoir à personne. Mes facéties d'écolier n'avaient amusé personne.

J'étais déçu et en colère. J'ai fondu en larmes et j'ai tapé dans une clôture. De retour au centre, je les ai suppliés de me garder. J'ai passé des heures à leur lister toutes les raisons de le faire. Je me suis effondré au sol, en sanglots. J'ai voulu les persuader qu'ils commettaient une erreur, que j'allais mieux me comporter. Ils n'ont pas cédé. J'avais enfreint le règlement de trop nombreuses fois, ont-ils dit. Je dérangeais les autres patients. Il fallait que je m'en aille.

Le reste de la semaine s'est déroulé comme dans le brouillard. J'avais passé du temps dans un monde nouveau avec un groupe de gens qui comptaient beaucoup pour moi. Soudain, on m'en excluait et ils me manquaient. Mais ces trois semaines avaient déjà changé ma vie. J'ai pris conscience que je vivais avant cela dans un état d'engourdissement général. Pas que j'étais prêt à me jeter d'un pont. Seulement, me jeter d'un pont et gagner à la loterie me paraissaient deux événements comparables. Je n'avais plus d'intérêt pour rien, ni bon ni mauvais. On aurait pu me dire que j'étais le prochain James Bond, je n'en aurais rien eu à faire. À présent, mes émotions étaient de retour et ça carburait plein pot. Certaines étaient de bonnes émotions. D'autres de mauvaises. Mais toutes valaient mieux que pas d'émotions du tout.

* * *

On pouvait bien me demander de quitter le centre, m'empêcher de dire au revoir à la famille que je m'y étais construite, mais personne ne pouvait m'empêcher de me porter volontaire tous les jeudis pour le food truck de Venice Beach.

Je ne savais pas vraiment quoi faire d'autre, ni où aller. La promenade de Venice Beach peut être un lieu intimidant, elle est pleine de gens en difficulté et de sans-abri. Quand on leur offre de la nourriture gratuite, la réponse est généralement timide et suspicieuse. Mais ensuite vient la gratitude, ce qui me procure beaucoup de joie. J'étais moi-même dénué de toute boussole, alors quand j'ai croisé un vieil ami sur la promenade de Venice Beach et qu'il m'a invité le soir même à dîner chez lui, j'ai accepté.

Il s'appelle Greg Cipes, acteur, doubleur et militant de la cause écologique et animale. Il vivait dans un appartement minuscule au-dessus de la promenade avec son chien Wingman. Il est végétarien. Il ne boit pas, ne fume pas. C'est le type le plus *clean* et le plus ouvert que je connaisse. J'ai pensé : *Ça pourrait être cool de passer une nuit ou deux ici.* Une nuit ou deux se sont transformées en un mois ou deux, à dormir sur un tapis de yoga sur son plancher, avec les bruits nocturnes parfois troublants montant de la promenade et Wingman qui me réveillait à six heures tous les matins en me léchant le visage. Ce sont ces deux mois qui m'ont vraiment reprogrammé.

Greg parlait de ses séances de natation dans l'océan comme de réinitialisations. Il m'a enseigné que les décisions étaient toujours meilleures après une réinitialisation. Au début, j'ai résisté. Après deux semaines, j'ai fait mienne sa philosophie. On a réinitialisé au moins deux fois par jour, matin et soir. Avant de courir dans l'océan, on levait les mains au ciel, on disait une petite prière et on prenait trois grandes inspirations avant de courir en hurlant, comme les enfants qu'on était encore au fond. Greg m'a aussi appris qu'en sortant de l'eau, il fallait lever les mains au ciel et dire merci, afin de montrer de la gratitude pour tout ce que la vie nous apporte. Greg m'a dit qu'Einstein lui était apparu en rêve pour lui dire que quitter la plage en marchant à reculons créerait un nouveau chemin neuronal. On a donc à chaque fois quitté la plage en marchant à reculons, les yeux fixés sur l'océan, ramassant au passage des déchets en plastique. « Essaye toujours de laisser un environnement plus propre qu'à ton arrivée », me disait-il.

Greg aimait aussi parler aux mouettes. Au début je trouvais ça ridicule. D'une voix très haut perchée et très amicale, il leur disait : « Tu es si belle ! Tu fais du bon boulot ! » Les premiers temps, je n'allais pas jusque-là. Pour être honnête, je le jugeais même un peu fou. Il m'a ensuite expliqué sa théorie selon laquelle les mouettes seraient les oiseaux les plus intelligents du monde. Quand je lui ai demandé pourquoi, il m'a dit : « Cite-moi un oiseau qui passe plus de temps sur la plage. » Je n'ai rien trouvé à répondre, et maintenant, dès que je suis à Los Angeles, j'applique toute sa routine quotidienne.

Certains trouvent Greg un peu dingue. Il a de longs cheveux de hippie, des vêtements excentriques cousus main, il porte toujours son chien qu'il décrit comme son gourou et il parle lentement, très calmement, pour former des phrases parfois cryptiques. Mais personne ne m'a manifesté plus de bonté gratuite, de générosité et de compréhension. Personne ne m'a plus appris sur moi-même ni ne m'a constamment enseigné comme lui de nouveaux chemins vers la lumière.

Greg dirait qu'il ne m'a rien enseigné du tout. Il n'était que le témoin de mon apprentissage.

* * *

Après quelques mois avec Greg, j'ai décidé, à l'âge de trente et un ans, d'acquérir ma propre cabane à Venice

Beach et de recommencer ma vie. J'ai acheté de nouveaux vêtements, surtout en friperie, surtout à fleurs. J'ai recueilli un labrador nommé Willow. J'avais enfin retrouvé le plaisir d'être moi. Pas Tom la star avec sa maison sur les collines. Pas Tom et sa Lamborghini orange. L'autre Tom. Le Tom qui a des choses à offrir. Je suis allé à la plage tous les jours. J'ai accepté des rôles que j'avais envie de jouer plutôt que de me laisser influencer par l'opinion d'autrui sur ce que je devrais faire. Plus important encore, j'ai repris le contrôle de mes décisions. Je ne sortais plus sous prétexte qu'il le fallait ou qu'on me disait de sortir. La vie était plus belle que jamais.

Quand un jour, deux ans plus tard, l'engourdissement est revenu, sans prévenir et sans déclencheur, ça m'a fait un choc. Il n'y avait aucune raison et pourtant, soudain, je ne trouvais plus la moindre raison de quitter mon lit. Si je n'avais pas eu à m'occuper de Willow, je ne serais jamais sorti de sous la couette. J'ai supporté cette sensation quelque temps, en me racontant que ça allait passer, avant d'accepter que non. J'ai alors décidé de m'activer, de faire quelque chose pour arrêter de me sentir comme ça, ou de ne rien sentir du tout.

J'avais combattu l'idée d'une désintox la première fois. Mais j'avais changé. J'avais grandi et accepté ma prédisposition génétique pour ce genre d'états d'âme, plutôt que de refuser de les reconnaître. J'ai abandonné tout contrôle et, avec un peu d'aide de la part de mes amis, j'ai trouvé un endroit où me soigner. Je peux dire en toute honnêteté que c'était l'une des décisions les plus difficiles de ma vie. Mais le simple fait que j'admettais avoir besoin d'aide, que j'allais tout faire pour m'en sortir, c'était capital.

Je ne suis pas le seul à affronter ces sentiments. Tout comme nous connaissons tous un jour ou l'autre des problèmes de santé physique, nous connaissons tous un jour ou l'autre des problèmes de santé mentale. Ce n'est pas honteux. Ce n'est pas un aveu de faiblesse. Si j'ai décidé de coucher ça sur le papier, c'est en partie pour cette raison. Pour que mon expérience contribue à aider ceux qui luttent. J'avais appris dans le premier centre qu'aider les autres était un outil puissant pour combattre les troubles de l'humeur. Un autre est de parler de toutes ses pensées et de toutes ses émotions, pas seulement les plus sympas. C'est plus facile dans la culture américaine. Nous, les Britanniques, sommes plus réservés, nous voyons parfois tout ça comme un déballage complaisant. Mais c'est en fait essentiel. Alors voilà. Je n'hésite plus à lever la main pour dire que je vais mal. Encore aujourd'hui, je ne sais pas quelle version de moi-même je serai en me levant. Il peut arriver que la plus petite corvée, la moindre décision, me brosser les dents, accrocher une serviette, choisir un thé ou un café, devienne écrasante. Parfois, le meilleur moyen de passer la journée est de me donner de tout petits objectifs très accessibles, qui me mènent d'une minute à la suivante. Si cela vous arrive aussi, vous n'êtes pas seul et je vous encourage à en parler à quelqu'un. C'est facile de se dorer au soleil, moins de profiter de la pluie. Pourtant, l'un ne va pas sans l'autre. Le temps change. La tristesse et le bonheur ont le droit au même temps d'écran mental.

Ce qui nous ramène à la cure de désintoxication et à la stigmatisation que ce mot convoie. Je ne cherche pas du tout à banaliser l'idée de thérapie, c'est un premier pas difficile, mais j'aimerais participer à la rendre plus normale. Je crois qu'on en a tous besoin sous une forme ou sous une autre. Pourquoi ne serait-ce pas normal de parler de ses sentiments ? « Je suis content qu'on ait gagné le match. » « Je suis dégoûté que l'arbitre n'ait pas sifflé ce pénalty. » « J'ai hâte de savoir qui ils vont signer. » Si nous sommes capables de déblatérer avec passion et d'écouter avec plaisir dès qu'il s'agit de football, par exemple, pourquoi ne pas faire de même avec les trucs non-dits ? « Je ne pouvais pas sortir de mon lit ce matin, c'était trop dur. » « Je ne sais pas quoi faire de ma vie. » « Je sais qu'on m'aime, alors pourquoi je me sens si seul ? » Plutôt que de voir la thérapie comme une mesure d'urgence face à l'excès ou la maladie, nous devrions la voir pour ce qu'elle peut être : une occasion essentielle de s'extraire des voix dans nos têtes, de la pression du monde et des attentes des autres. Cela n'a pas besoin de se manifester par une cure de trente jours dans un centre. Ce pourrait être trente heures par an à parler à quelqu'un, ou trente minutes accordées aux attentions positives tous les jours, ou trente secondes à respirer et à se rappeler qu'on est ici et maintenant. Si la cure ne constitue rien d'autre que du temps dévoué à se chercher soi-même, comment pourrait-ce être du temps perdu ?

Postface

Ce qui nous ramène au présent, à Londres, où je vis désormais. J'écris ces pages alors que mon aventure à Los Angeles est derrière moi et qu'il me semble, d'une certaine façon, avoir décrit un cercle complet. Ma vie est plus stable. Plus ordinaire. Je me lève le matin, la gratitude au cœur, dans ma maison des étendues feuillues de North London. Je mets mes écouteurs pour écouter les informations en promenant Willow, toujours de service, à l'affût des écureuils. De retour chez moi, je me ferai un sandwich jambon-fromage (j'ai toujours le palais d'un enfant de neuf ans) et je passerai un peu de temps à lire des scripts et à écouter de la musique. Puis je grimperai sur mon vélo et je roulerai jusqu'au West End, où je dois jouer dans une pièce de théâtre pour la première fois.

La pièce s'intitule *2:22 A Ghost Story*. Avant chaque représentation, au moment de me préparer à monter sur scène, je pense à l'importance que les histoires ont eue dans ma vie, à la valeur que tant de gens leur accordent. Ce serait facile de les mépriser. C'est presque ce que j'ai fait quand, il y a vingt ans, je me suis mis en rang avec une bande de jeunes pleins d'espoir, tous désireux de jouer un rôle dans l'histoire d'un garçon qui vit dans un placard sous l'escalier. Pour moi, ça n'avait rien d'une bonne histoire. Franchement, ça me paraissait un peu ridicule. Aujourd'hui, évidemment, je vois les choses autrement. Nous avons plus que jamais besoin de moyens d'être ensemble, de construire des ponts et de nous sentir unis. Peu de choses ont atteint ces buts avec plus de succès que *Harry Potter*, c'est frappant. Pas un jour ne passe sans qu'un fan venu de n'importe où dans le monde ne vienne me le rappeler dans un message.

Faire partie de ces histoires invite à l'humilité. C'est un honneur extraordinaire. Cela me rend plus désireux que jamais d'exprimer la puissance des arts et des histoires et de passer le flambeau à la génération suivante.

Cela en surprend certains que je n'aie jamais relu les *Harry Potter*, pas plus que je n'ai regardé les films en entier après les premières. De temps en temps, je suis devant la télé avec des amis et l'un des films est diffusé, ce qui déclenche instantanément les insultes amicales, le branleur du balai, tout ça. Mais je ne me suis jamais posé pour les regarder, à dessein, du début à la fin. Ça n'a rien à voir avec un manque de fierté. C'est même tout le contraire. C'est que je me les garde pour le moment que j'attends le plus à l'avenir : partager ces histoires, d'abord les livres, puis les films, avec mes propres petits Moldus.

Il y a quelques années, quand je me suis barré de ce centre pour un petit trek le long de la côte de Malibu, le premier de mes trois rois m'avait posé une question. « Êtes-vous riche ? » Je n'avais pas su quoi répondre. Je crois n'avoir même pas bien compris la question. Il m'avait dit qu'il était riche, pas parce qu'il avait de l'argent, mais parce qu'il était entouré d'une famille. Il savait ce qui était important dans la vie. Il savait qu'aucune somme, aucune célébrité, aucune louange ne le satisferait jamais. Il savait qu'en aidant les gens, on les incitait naturellement à aider à leur tour. Je comprends ça aussi maintenant. La seule monnaie véritable dont on dispose, c'est l'effet qu'on produit chez les autres.

Je sais que j'ai eu de la chance dans la vie. Je serai toujours reconnaissant et fier des films qui m'ont tant donné. Je suis plus fier encore des fans qui font briller la flamme du monde des sorciers, plus brillante que jamais. J'essaye de me rappeler tous les jours la chance que j'ai. Une vie où l'amour, la famille et l'amitié occupent le devant de la scène. Je sais bien que l'importance de ces trois choses est l'une des grandes leçons à tirer de l'histoire de *Harry Potter*. M'en rendre compte a fait de moi un homme riche.

Remerciements

Merci aux sorcières et aux sorciers d'Ebury, surtout Claire Collins, Andrew Goodfellow, Charlotte Hardman, Jessica Anderson, Patsy O'Neill, Shelise Robertson, Sarah Scarlett, Rebecca Jones et Jeanette Slinger, pour leur travail. Ils ont rendu ce livre possible. À mon agent littéraire Stephanie Thwaites, et tous ceux de Curtis Brown. À mon professeur de français et d'équations quadratiques, Adam Parfitt, pour sa patience et ses talents de plume.

À tous les groupes de fans du monde, surtout les filles de feltbeats.com, pour leur soutien inconditionnel. À John Alcantar, pour m'avoir introduit aux Comic Cons et m'avoir tenu la main autour du monde. À mon équipe - Gary O'Sullivan, Cliff Murray, Justin Grey Stone, Allison Band, Steven Gersh, Jamie Feldman, Scott Womack et Romilly Bowlby -, pour avoir toujours pris soin de moi. À tous ceux qui m'ont aidé au passage : Anne Bury, Sue Abacus, Maxine Hoffman, Michael Duff, Nina Gold, Peter Hewitt, Andy Tennant, Chris Columbus, Alfonso Cuarón, Mike Newell, David Yates, Kevin Reynolds, Amma Asante, Charlie Stratton, Sara Sugarman et Rachel Talalay. À Joseph Fiennes, Andy

Serkis, Paul Hodge, Sam Swainsbury, Grant Gustin et à feu Dave Legeno, pour m'avoir pris sous leur aile à un moment ou à un autre. À Jason Isaacs, pour avoir été le meilleur père de substitution qu'un fils pourrait souhaiter. À Richie Jackson, Melissa Tamschick et sa mère, Anne, Tessa Davies, Michael Eagle-Hodgson, Stevie, Rob et Nina Challens, Matt Whites « le Chef », Dan Raw et toute l'équipe, pour les super-souvenirs. À Jade, Stevie G et toute la famille Gordon pour m'avoir accueilli à bras ouverts.

À Derek Pitts, pour être mon fr… fr… frère. À Greg Cipes, pour m'avoir enseigné comment parler aux mouettes. À Daniel Radcliffe et Rupert Grint, pour toutes les années à Poudlard et au-delà. À Emma Watson, pour avoir cancané en ma compagnie toutes ces années. À tous ceux qui ont travaillé sur les films Potter, pour m'avoir aidé à devenir ce que je suis. À mes frères, pour avoir maintenu sur terre les pieds de cet asticot. À mes grands parents, surtout Gramps et Wendy Bird, pour les encouragements à découvrir les merveilles de la vie. À Seahorse, mon phare dans la nuit, pour m'avoir appris le basson.

Enfin, à ma mère et à mon père, pour absolument tout.

LÉGENDES

Premier cahier photos

1.
Surrey
22 septembre 1987
Mes parents, mes frères et moi, quelques minutes après ma naissance.

2.
1991
Mon père et moi en vacances.

3.
Moi & maman
France 1993
Vacances familiales au camping.

4.
Les garçons Felton.

5.
Un de mes premiers rôles, dans une pièce sur la nativité.

6.
À l'école.
En costume aux couleurs des Griffayots.

7.
New York
(À droite) Avec mon grand-père de la télé, dans ma première publicité.
(À gauche) Mon vrai grand-père, assis à la table des professeurs dans la Grande Salle.

8.
En pleines pitreries sur le tournage de *The Borrowers*.

9.
1996
Ma mère et moi dans les studios Shepperton.

10.
Avec Jodie Foster en Malaisie pour *Anna et le Roi*.
Naissance d'un Serpentard.

11.
2001
Les premiers jours de *Harry Potter*.

12.
Études Moldues avec Emma et Alfie.

13.
Mon coin de paradis de préadolescent.

14.
Chris Columbus à la baguette.

Merci, Devon. Merci, Josh !

15.
Première sortie DVD avec le Hogwarts Express.

16.
Une des premières critiques, plutôt mitigée.

17.
Hagrid et Tom en caoutchouc.

18.
Les Disney Awards avec Emma.

19.
Les frères rendent visite à Jink à l'université.

20.
Ma mère et moi avant une première de *Harry Potter*.

21.
2007
Avec Chris Columbus à New York.

Second cahier photos

1.
Alfonso me présente le *Monster Book of Monsters*.

2.
Rencontre avec mon volatile favori sur le tournage du *Prisonnier d'Azkaban*.

3.
En coulisses à Broadway.

4.
Dan et moi en pleine compétition de Quidditch et de cricket.

5.
Avec David Holmes après une nouvelle victoire des Serpentard.

6.
Une *Comic Con* au Japon.

7.
Des câlins en coulisses avec Greyback.

8.
Les trois Malefoy.

9.
Mieux vaut ça qu'un câlin à Voldemort.

10.
L'amour façon Weasley.

11.
Une des rares victoires des Gryffindors.

12.
Des jeux en coulisses et à l'écran.

13.
Sur le tapis rouge avec Alan.

14.
Cancanant avec mon canard préféré.

15.
La Planète des singes : Les origines.

16.
La vie à Hollywood.

17.
2018
En skate, direction la plage.

18.
La manche à L.A.

19.
Rencontre avec les fans.

20.
Différentes versions de moi-même.

21.
La vie en Californie.

22.
Avec ma *best friend*, Willow.

23.
(Elle a un peu grandi.)

24.
Greg Cipes et moi à Venice Beach.

25.
Les ennemis à l'écran font de bons amis dans la vie.

23
Mes débuts à West End.

Photographie de couverture :
Joseph Sinclair, Camera Press London
Photographies de quatrième de couverture :
Warner Bros. Entertainment Inc. Tous droits réservés.
Photographies de l'auteur :
Getty Images/Gisela Schober/Contributor

FSC
www.fsc.org
MIXTE
Papier | Pour une gestion forestière responsable
FSC® C022829

Cet ouvrage est composé de matériaux issus de forêts
bien gérées certifiées FSC®, de matériaux recyclés
et de matériaux issus d'autres sources contrôlées.

Achevé d'imprimer en février 2023
sur les presses de la Nouvelle Imprimerie Laballery
58500 Clamecy
Dépôt légal : avril 2023
N° d'impression : 302107
Imprimé en France